살아가듯 일하다

살아가듯 일하다

/

나카무라 겐타 지음

홍주영 옮김

/

타커스

| 머리말 |

'일하고 있을 때나 그렇지 않을 때나 나의 시간을 살아가고 싶다.'

막연히 이런 생각을 하고 있었지만 내 주위에 모범으로 삼을 만한 사람은 없었다. 조언을 구할 상대도 없고 여러 구인 사이트를 살펴봐도 개운치 않았다. 사이트에 소개된 내용이 거짓말은 아닐지언정 왠지 좋은 말만 늘어놓은 것 같고, '사적인 시간도 충실하게 보낼 수 있다'라는 식의 소개보다는 일 자체를 알고 싶었다. 함께 실린 사진에는 사장이나 직원들이 카메라를 향해 호의적인 인상으로 어필하고 있지만, 나는 평소의 직장 풍경이 더 궁금했다.

내가 상당히 오랫동안 이런 생각을 품어 왔으나 캄캄한 터널을 걷는 듯 실마리가 될 만한 것을 좀처럼 만날 수 없었다.

나는 '일본일백화점(日本仕事百貨)'이라는 구인 사이트를 운영하고 있다.

직원을 구하는 업체를 찾아가 인터뷰하고 이를 구인 기사로 정리해 올린다. 내가 중요하게 여기는 것은 일자리 정보를 있는 그대로 전달하는 것이다. 나는 이 사이트를 통해 수많은 방식의 삶을 만나고 있다. 업체 대표를 직접 만나 왜 이 일을 시작했는가, 지금은 어떤 일을 하고 있는가, 앞으로 어떻게 하고 싶은가 등의 기본적인 것을 묻고, 그 일의 좋은 점과 힘든 점도 끄집어낸다.

이런 방식으로 취재하니 한 업체를 한 그루의 나무로 바라보게 된다. 취재하며 들은 말 하나하나가 나무에 붙은 잎처럼 보인다.

수많은 말들은 뿔뿔이 흩어져 있는 것 같아도 실은 삶의 방식 밑바닥에 있는 뭔가와 연결되어 있다. 잎은 가지에 붙어 있고, 가지는 줄기에서 뻗어나고, 줄기는 뿌리로 통하고 있는 것과 같다. 이파리 전부를 전달하기는 불가능하기에 전체가 연결되어 있는 뿌리를 온전히 전하자는 마음가짐으로 구인 기사를 쓴다.

구인이라고 하면 흔히 모집 요강이 중심이 되곤 한다. 물론 복리후생이나 연봉도 중요하다. 하지만 이것들 역시 하나의 곁가지에 지나지 않는다. 그보다는 뿌리에 공감할 수 있느냐가 중요하지 않을까? 뿌리만 확고하다면 분명 수긍하고 일할 수 있을 것이다. 구인기사를 쓸 때 내가 가장 관심을 갖고 중요하게 여기는 것은 바로 이 뿌리이다.

많은 곳을 취재하며 수많은 사람들을 만나다 보니 자신의 분야에서 성공한 사람들에게서 어떤 공통점이 느껴졌다. 가지가 난 모양이라든가 줄기의 굵기 등 형태는 제각각이지만 뿌리로부터 꿋꿋이 뻗어난 무언가가 있었다.

식물에게는 살아가는 것과 일하는 것이 나뉘지 않듯이 내가 취재한 사람들도 온 · 오프의 구분이 없는 시간을 살아가고 있다. 살아가듯 일하고 있다.

이 책은 살아가듯 일한다는 것은 어떤 것인지를 살펴보는 책이다. 나는 그동안 다양한 사람들이 자신의 분야에서 싹을 틔우고 가지를 뻗고 한 그루의 나무가 되기까지의 이야기를 들었다. 그 이야기를 들려주고 싶다.

이 책을 읽으면서 자기 자신과 공통점을 발견하거나 비슷한 내용의 문장이 떠오르거나 새로운 발견을 하게 될지도 모른다. 그렇게 발견한 것을 언젠가 내가 여러분을 만나게 되었을 때 들려주신다면 더할 나위 없이 기쁠 것이다.

차례

4. 가지가 뻗어나 잎이 무성해지다

5. 숲이 되다

①

씨앗을 뿌리고 물을 주다

일백화점이
출범하기까지

사람에게 물 주기란

씨앗은 물을 주어야 싹이 튼다. 조금 더 정확히 말하면 씨앗은 물을 빨아들여 어린뿌리가 씨앗 껍질을 뚫고 나와 비로소 발아한다. 그리고 뿌리를 뻗으며 쑥쑥 자라난다. 사람은 누구나 자기 안에 그런 씨앗을 지니고 있다.

다만 그 씨앗을 깨닫지 못하는 사람도 있을 것이다. 혹은 알아채고 있더라도 그대로 내면 깊숙이 묻어둔 채로 지내는 사람도 있다. 어느 씨앗이든 계속 물을 주면 언젠가는 싹이 튼다. 내가 만난, 살아가듯 일하고 있는 사람들은 스스로 이 물 주기를 해온 사람들이다. 금세 싹이 트는 사람도 있고, 오래도록 계속 물을 주어야 비로소 싹이 나는 사람도 있다.

사람에게 있어 물 주기는 식물과 마찬가지로 싹이 틀 때뿐만 아니라 싹이 트고 난 후에도 중요하다. 잎이 져서 가만히 힘을 비축하는 시기도 있지만 사람은 살아가는 한 물이 필요하다.

그렇다면 사람에게 물 주기란 무엇일까? 내가 생각하는 물 주기는 다양한 삶의 방식과 일하는 방식, 가치관과 만나는 것이다. 자신의 분야에서 점차 가지를 뻗으며 성장하고 있는 사람, 큰 나무가 되어 듬직한 모습을 갖추고 있는 사람들의 이야기를 듣고 받아들이는 것 말이다. 만약 가능하다면 그들과 직접 마주하여 대화를 나누는 것이 좋다. 그렇게 하면 더 많은 것을 받아들일 수 있다.

이사 인생

내가 물 주기를 많이 할 수 있었던 것은 어릴 때부터 다양한 사람과 만날 기회가 많았기 때문이다. 아버지가 보험회사에 근무해서 전근이 잦았던 까닭에 나는 태어나서 중학생이 될 때까지 자주 이사를 다녔다. 친구들과 겨우 친해졌다 싶으면 또 다른 지역으로 이사하곤 했다.

하지만 나는 새로 이사한 곳에서 또 새로운 친구가 생길 거라는 기대가 있었기 때문에 계속 전학을 다닌 것이 싫지 않았다. 전학생 경험이 쌓일수록 기대는 확신으로 바뀌었고 초면에도 금세 마음을 터놓을 수 있게 되었다.

같은 학년 초등학생 사이에도 지역과 학교에 따라 다양한 사고방식과 규칙이 있다. 예컨대 도쿄에서 미야자키로 이사하고 놀란 점이 있다. 그곳에서는 교내 복장은 반바지여야 한다거나 운동장에서는 맨발이어야 한다는 규칙이 있었다. 축구할 때는 운동화를 신어도 되었다. 이제는 그런 관습이 없어졌겠지만 '이렇게도 하는구나!' 싶어서 당시 놀랐던 기억이 있다.

그러는 사이에 나도 모르게 새로운 가치관을 받아들이는 힘을 키워나갔다. 어쩌면 부모님은 수차례 전학해야 하는 아들을 측은히 여겼을지 모르지만 나는 오히려 전학을 즐겼다.

세상에는 다양한 가치관이 있다는 것을 알고 나니 나 자신도 주위 사람들의 사고방식에 휩쓸리지 말고 느긋하게 해나가자는 자세로 바뀌어갔다. 세상에는 여러 유형의 사람들이 있게 마련이고, 그렇다면 나도 내가 하고 싶은 대로 해보자는 마음을 갖게 된 것이다.

그래서 주위 사람들 사이에 끼지 못하고 겉돌거나 충돌한 적도 있었다. '저 녀석은 우주인이야!'라는 말까지 들었지만 그런 것도 기꺼이 즐기게 되었다. 내가 먼저 주위를 향해 적극적으로 행동하면 여러 가지 우연이 거듭된다. 물론 곤란한 일도 일어나지만 대개는 재미있다.

그런 경험이 몸에 배는 사이에 나는 새로운 것을 경계하지 않게 되었다. 일단 행동하고 내가 먼저 해프닝을 일으켜본다. 그러면 재미있는 일이 점점 가속된다.

좋은 장소란 어떤 곳일까

이사를 많이 다니는 것에 대해 열등감을 느낀 적도 있다. 나를 어디어디 출신이라고 꼽을 만한 장소가 없기 때문이다. 늘 이사를 반복한 탓에 집은 있어도 고향이 없었다. 언제나 전학생, 여행자, 손님인 느낌이었고, 의지할 만한 장소가 없어 막연한 허전함이 있었다. 중학교와 고등학교도 여러 지역 출신의 학생들이 모여 있었기에 고향이라는 느낌이 들지 않았다. 결국에는 나 스스로 돌아갈 장소나 거처 같은 곳을 직접 만들 수는 없을까 하고 생각하기 시작했다.

그때부터 줄곧 '좋은 장소란 무엇일까'를 고민해왔다. 내가 직접 좋은 장소를 만들어 그곳으로 가면 된다. 어떻게 하면 좋은 장소를 만들 수 있을까?

이것이 아마도 나의 씨앗이 되었을 것이다. 나는 이때부터 세 가지 물 주기를 해온 것 같다. 그 첫 번째가 학생 시절에 있었던 일이다.

나의 장소를 만들고 싶었다

대학입시가 가까워질수록 나는 '장소를 만드는' 일에 관련한 공부가 하고 싶어졌다. 알아보니 건축학과가 좋아 보였다. 건축가가 왠지 멋있어 보여서 메이지대학 건축학과에 진학하기로 했다.

입학식이 끝난 후 학과 오리엔테이션에 참가했을 때의 일이다. 그곳에 있는 학생들은 모두 아직 어떤 존재도 아니지만 끝없는 가능성을 지닌 이들이었다. 신입생들만의 독특한 열기 속에서 수업 요강을 살펴보며 설명을 듣다가 도중에 어느 부분을 설명하고 있는지 놓치고 말았다. 나는 얼른 옆 학생에게 물어보았다. 영화라면 분명 이럴 때 내가 말을 건 녀석과 친구가 된다. 나도 완전히 그랬다. 그의 이름은 노무.

건축학과 학생은 거의 모두 건축가가 되려고 입학한다. 어쩌면 노무는 그 열기 넘치는 강당에서 건축가가 되겠다는 패기가 가장 없는 학생이었던 것 같다. 원래 그의 목표는 의대였기 때문이다. 의대에 지원했다가 떨어지는 바람에 건축학과에 진학한 것이다. 그런 노무가 훗날 건축가의 길로 나아가고 나는 도중에 하차했으니 역시 삶이란 계획대로 풀리지 않는 법이다.

처음에는 나도 건축가가 되고 싶었기에 수업에 열심히 참여했다. 간혹 겉돈 적도 있지만, 성적이 좋았고 꼭 건축가가 되겠다는 각오도 컸다. 하지만 점차 '내가 하고 싶은 게 아니었나?' 하는 기분이 들어서 답답해졌다.

건축학과에 다닌 경험이 있는 사람이라면 알겠지만, 설계 과제는 구체적이고 제약도 많다. '대지는 이곳', '용도는 미술관' 하는 식으로 정해져 있다. 수많은 조건을 해결해가며 그 제약 속에서 디자인하는 것이 바로 설계의 '참맛'이겠으나 내게는 그다지 매력적이지 않았다.

나는 디자인하는 것뿐 아니라 무엇을 하고, 어디서 하고, 누구와 하고, 어떻게 하는지 등 모든 것을 스스로 결정하고 싶었다. 누군가를 위해 설계하는 게 아니라 나 자신이 그리는 장소를 만들기 위해 설계하고 싶었다. 하지만 건축가의 일반적인 역할은 타인의 장소를 만드는 것이다. '자신의 장소'를 만드는 건축가 따위는 세상에 없는 걸까?

신축보다 자유로운 리노베이션

당시 세미나 과제 중에 이즈 반도 시모다시에 위치한 오래된 제빙소를 재생하라는 것이 있었다. 노무도 나와 같은 연구실 소속이었다. 요즘은 기존 건물을 철거하고 신축하는 것뿐 아니라 오래된 건물을 살리는 '리노베이션'도 일반적이다. 하지만 2000년대 초반이던 당시는 리노베이션의 여명기로 그 조짐이 싹트는 시기였다. 여담이지만 내가 막연히 건축가가 아닌 다른 무언가를 모색했던 이유 중에는 '건물이 이렇게 넘쳐나는데 더 이상 신축해봤자 소용없지 않나?' 하는 생각도 있었다.

냉동선(冷凍船)이 발달하기 전에는 고기잡이배에 제빙소에서 만든 얼음을 싣고 출어했다. 이후 얼음 수요가 사라지면서 제빙소는 폐쇄되었다. 세미나 과제는 오랜 기간 비어 있던 그 건물을 재생할 수 없는가 하는 것이었다. 현장을 여러 차례 답사하고 연구실에서도 연일 밤새우며 작업했다.

그리고 마침내 건물주에게 제안하는 날, 우리는 의기양양하게 발표했다. 틀림없이 좋은 평가를 받으리라고 믿었다. 그런데 우리 기대와는 딴판으로 건물주의 반응은 덤덤했다. 우리가 눈을 반짝인 것과는 대조적으로 그는 떨떠름한 표정을 지으며 그다지 관심을 보이지 않았다.

지금 돌아보면 당연한 일이다. 우리는 기본적인 디자인 안만 마련한 것이다. 더 정확하게 말하자면 우리는 디자인밖에 할 수 없었다. 이것만으로는 프로젝트가 앞으로 나아가지 않는다. 프로젝트를 진행하려면 '예산이 얼마나 들고 부가가치가 얼마나 창출되는가?'에 대한 답이 필수적으로 뒷받침되어야 한다. 장소를 만드는 데 디자인 외에 알아두어야 할 게 많은 것이다.

다만 새롭게 발견한 것도 발견도 있었다. 오래된 건물을 활용하는 리노베이션이 신축보다 훨씬 자유로울 수 있다는 사실이다.

신축은 빈터에서 시작하지만 리노베이션은 이미 있는 건물을 활용해야 한다. 일반적으로 리노베이션은 제약이 많아서 부자유스럽다는 인식이 있다. 신축보다 예산이 적어서 건축가는 설계뿐 아니라 콘셉트를 잡고 직접 홍보하고 예산 문제도 꼼꼼히 검토해야 한다. 이런 것을 힘들다고 여기는 사람이 있겠지만 나는 오히려 건축가에게 큰 재량이 주어지는 이런 방식이 자유롭게 느껴졌다.

그런 경험을 거쳐 내 진로를 고민하는 시점이 찾아왔다. 장소를 만드는 데 필요한 전반적인 경험을 모두 쌓을 수 있는 곳은 없을까? 디자인 외의 요소, 예를 들어 돈과 법적 문제와 건물을 지은 다음의 일까지 대략적인 것을 모두 경험하고 싶었다.

나는 수많은 선배에게 조언을 구했다. 누군가 떠오르면 연락을 취해 직접 찾아가 이야기를 듣고 내가 하고 싶은 일에 관해 상담했다. 그리고 또 새로운 사람을 소개받았다. 그렇게 해서 많은 사람을 만나며 이야기를 나누었는데 하나같이 어느 부동산 회사를 추천해주었다. 아주 생소한 회사였지만 '그렇게 권한다면' 하는 마음에 그곳에 지원했다. 취직 활동은 순조롭게 진행되어 대학원을 수료한 후 그 회사에서 일하게 되었다.

점차 무르익어가는 장소

두 번째 물 주기는 대학원을 졸업할 무렵이었다. 졸업하면 부모님 집에서 나올 작정이었는데 마침 노무가 룸 셰어를 하자고 제안했다. 노무는 대학 시절부터 같은 건축학과 학생 두 명과 셋이서 룸 셰어를 하고 있었는데 그중 한 사람이 갑자기 상하이에서 일하게 되었다는 것이다. 하지만 그곳에 들어가면 집에서 회사에 다니는 것보다 시간이 더 걸리겠기에 나는 도심에 새로운 집을 구해 셰어하자고 제안했다. 그들도 내 제안에 찬성해서 모두가 만족할 만한 집을 내가 찾아보기로 했다.

세 명의 근무지를 고려해서 먼저 도쿄 세타가야구 산겐자야역 주변을 돌아보았다. 원하는 집의 조건은 세 명이 입주할 수 있을 것, 그리고 우리가 직접 리노베이션할 수 있을 것이었다.

세 명 모두 건축학과 출신이니 이왕이면 오래된 민가 같은 곳을 골라 리노베이션해보고 싶었다. 또 다른 멤버인 하루는 구조설계를 전공해서 목재 가공도 잘했기에 직접 리노베이션하는 데 적임자였다. 노무가 설계를 맡았고 하루는 구조설계를 맡아 공구 사용법을 우리에게 가르쳤다. 나는 콘셉트 잡기, 부동산 업무와 계약을 맡았다.

당시는 2000년대에 막 들어섰을 때였다. 요즘은 셰어하우스나 DIY 가능한 임대물건도 일반적이지만 당시에는 그렇게 하려는 사람이 별로 없었다. 그래서 부동산중개사무소를 찾아가도 일단 문전박대였다. 특히 대형 임대중개회사에서는 말도 꺼내지 못했다. 어쩔 수 없이 오래전부터 지역에 자리 잡은 조그마한 중개소를 중심으로 돌아다녔다.

그래도 원하는 집을 구할 수 없어서 대상 지역을 좀 더 시내와 가까운 나카메구로역 언저리까지 넓혀나갔다. 그 무렵 나카메구로는 카페가 늘어나고 동네가 크게 변모하던 시기였다. 나카메구로역 개표구 바로 앞에 있는 부동산중개사무소에 가보았다.

세 명이 집을 쉐어하고 싶고 가능하면 우리가 직접 리노베이션하고 싶다고 희망사항을 말했더니 마침 물건이 하나 나타났다. 낡은 단독물건이고 역에서 도보로 8분 정도. 세 들어오겠다는 사람이 좀처럼 구해지지 않아 어쩌면 리노베이션을 한다 해도 임대가 가능할 것 같다는 것이었다. 나는 곧바로 집을 보러 갔다. 외관은 예상대로 낡았다. 지은 지 50년이 넘는 오래된 민가로, 욕실이 수동보일러로 되어 있는 게 마음에 걸렸지만 방 세 개, 거실, 주방이 있는 구조라서 세 명이 지내기는 충분했다. 노무, 하루와 상의한 후 집주인과 교섭하기로 했다.

나는 우리가 공사비를 부담하는 대신 임대료를 깎아달라고 제안했다. 집주인의 입장에서는 잠시 빈집이었던 물건에서 임대수입이 들어오고 비용을 들이지 않고 낡은 집을 리노베이션할 수 있다. 그리고 우리가 나가면 임대료를 올려도 기꺼이 입주할 사람이 나타날지도 모른다. 우리 입장에서도 좋은 기회였다. 직접 리노베이션하는 경험을 쌓을 수 있고, 임대료가 낮아지면 공사비용이 들어도 몇 년 이상 살면 손해는 보지 않을 것이라는 계산이었다. 내 제안이 받아들여져 정식으로 계약하게 되었다.

나는 이때 셀프 리노베이션을 통해 디자인 외의 것, 예컨대 자금운용과 계약, 그리고 프레젠테이션과 프로젝트를 진행하는 것까지 얼개를 배울 수 있었다. 또 하나, 사용하면서 바꿔나가는 디자인의 재미를 깨달았다.

새로운 건물이나 장소가 완성되면 개관을 정점으로 차츰 쇠퇴해가는 게 일반적이다. 건물은 지어진 다음부터가 진짜 시작이지만 완성한 시점이 가장 빛나는 순간이고 갈수록 소비되는 느낌이다. 개관 리셉션에는 누구나 기꺼이 참석하지만 이후에는 점점 발길이 뜸해지곤 한다. 나는 이런 식이 아니라 건물이 완성되고 난 후 점차 깊이를 더해가는, 더 나은 공간을 만드는 방법이 없을까 고민했다.

그런 점에서 셀프 리노베이션은 획기적인 방법이라고 생각한다. 직접 리노베이션하면 완성한 이후에도 직접 고쳐나갈 수 있다. 준공 시점이 정점이 아니라, 시간이 지날수록 점점 무르익어가는 장소를 만들어갈 수 있다.

내가 나카메구로에서 만난, 어느 인기 있는 카페의 주인도 "가게의 가구 배치나 음악 선곡 등은 현장 스태프에게 맡기고 있어요. 역시 그 공간에 있는 사람이 어떤 식으로 하는 게 좋은지 가장 잘 아니까요"라고 말했다.

공간이나 장소는 유연하게 변화해나가는 게 좋다. 어떻게 바꾸면 좋을지는 그곳에 있는 사람이 가장 잘 알고 있다. 자기만의 장소를 만든다는 감각을 느끼는 것도 즐겁다. 식물이 자라나듯 장소도 점점 성장해나간다.

좋은 장소에는 그곳에 딱 맞는 사람들이 있다

'어떻게 하면 좋은 장소를 만들 수 있을까?' 혹은 '나의 장소를 만들려면 어떻게 하면 좋을까' 하는 문제를 나는 늘 고민했다. 그럴 때 알게 된 곳이 세 번째 물줄기가 된 '슬로우잼'이라는 바(bar)이다.

'슬로우잼'은 나카메구로 메구로긴자 상가 가장 안쪽인 5번가에 있다. 역 앞의 가게들은 자주 바뀌는데, 이 부근은 오랫동안 꾸준히 운영해온 가게가 대부분이다. 내가 이곳을 처음 방문한 것은 사회인이 된 첫해 여름이었다. 근처를 지나다가 우연히 친구와 이곳에 들르게 되었다.

그 후 문득 떠올라서 혼자 가보았고 어느덧 일주일에 6일을 드나들고 있었다. 하루가 빠진 것은 슬로우잼의 정기 휴일이었기 때문이다. 퇴근할 때면 왠지 모르게 이곳에 들르고 싶어졌다. 나는 집에서는 거의 술을 마시지 않기에 술이 목적은 아니었다. 하지만 집에 들어가기 전에 이곳에 들러 한잔하면 편안해졌다.

슬로우잼에 들락거리고 2년쯤 되었을 때 문득 '왜 이곳을 찾게 되는 걸까?' 하고 곰곰이 생각해보았다. 일주일에

6일씩이나 오는 곳이니 여기에 '좋은 장소란 무엇일까?'에 대한 답이 숨어 있을지도 모르기 때문이다.

이곳은 음식과 술이 맛있고 실내장식도 편안하다. 하지만 그런 것들이 결정적인 이유는 아니다. '뭐, 그런 건 아무래도 상관없나' 하고 생각하고 있는데 "한 잔 더 드실래요?" 하고 바텐더인 베키가 말을 걸어왔다. 나는 잔이 비어 있는 줄도 몰랐다. 그가 빈 잔에 하퍼(위스키 상표이름) 하이볼을 따라주었다. 잔을 받아 한 모금 들이키니 옆자리 단골손님이 말을 걸어왔다.

"겐타 군, 오늘은 제법 마시는걸."

"아니, 그렇게 많이 마시지는 않았어요."

대답은 그렇게 하면서도 오늘 밤은 벌써 넉 잔째다. 평소 한두 잔밖에 마시지 않으니 나름 많이 마시고 있는 셈이다. 시각은 어느새 자정. 내일도 출근해야 하지만 조금만 더 있고 싶었다. 어째서일까? 주방에서는 주인 욧시가 파스타를 만들고 있다. 카운터석에는 단골손님들이 왁자지껄 대화를 나누고 있다. 때때로 베키가 대화에 끼어들어 훈수하면 '자네가 할 말은 아닌데' 하는 식으로 손님들도 응수한다.

그 순간 깨달았다. '그렇구나, 나는 이들이 있기에 이곳에 온 것이다!' 가장 큰 목적은 베키와 주인인 욧시, 그리고 늘 볼 수 있는 단골손님들이었다.

지금껏 좋은 장소를 만들고 싶어 건축을 공부하고, 부동산 회사에서 일하기도 했다. 하지만 좋은 장소란 '사람'이다. 자꾸 드나들게 되는 장소에는 그곳에 딱 맞는 사람들이 있다. 딱 들어맞기에 거기에 있는 사람들도 활기차다. 활기찬 사람들이 있는 곳은 좋은 장소가 된다.

셀프 리노베이션으로 좋은 장소가 만들어진 것도 그곳을 계속해서 만들어나가는 사람들이 거기에 있기 때문이 아닐까?

어떤 이에게 맞는 장소라면 그 사람은 활기차게 일하게 된다. 활기차게 일하고 있는 사람이 있는 장소는 분명 멋진 곳이 된다. 그렇다면 좋은 장소를 만들기 위해서는 건축이나 부동산뿐만 아니라 장소와 사람을 연결하는 것도 중요할 것이다. 그 순간 내 안에서 씨앗이 싹을 틔웠다.

그래, 구인 사이트를 만드는 것이다!

여기까지가 나의 물 주기에 관한 이야기이다. 계속 물을 주면 언젠가 싹이 나는 순간이 찾아온다. 다른 사람은 어떤 물 주기를 하고 있을까?

좋은
해프닝 만들기

앞에서 말했듯이 나는 자기만의 방식으로 살아가고 일하는 다양한 사람들과 만나 이야기를 나눈다. 그런 '물 주기'를 하다 보면 어느덧 내 안의 씨앗이 싹을 틔운다. 그런데 어떻게 하면 다양한 사람들과 만날 기회를 만들 수 있을까? 기회를 만드는 것은 '좋은 해프닝'을 만드는 것과 같다.

톰 빈센트 씨는 그 노하우를 알고 있는 사람이다. 톰은 기업이나 정부, 지방자치단체의 콘셉트 전략 기획, 브랜딩, 홍보, 미디어콘텐츠 제작 관련 일을 하는 사람인데 업무 분야가 정말 넓다. 내가 '일백화점'을 시작한 무렵 어느 프로젝트에 참여했을 때 그를 처음 만났다.

톰 빈센트(Tom Vincent)

… 낯선 만남 속에 기회가 있다.

영국 런던 출생. ㈜토노루프네트웍스 대표. 오미(近江) 상인 발상지인 시가현 가모군 히노초에서 지은 지 240년 된 오미 상인 저택을 본거지로 삼고 콘셉트 전략 기획, 브랜딩, 홍보, 미디어콘텐츠 제작 관련 일을 한다. 수제맥주 회사인 '히노 브루잉(Hino Brewing)'을 공동 경영한다.

자신이 모르는 길을 계속 나아가거나 지나온 길을 되돌아가지 않음으로써 자기 안에 있는 싹을 틔울 좋은 해프닝을 만들 수 있다. 그렇게 하면 다양한 삶의 방식, 일의 방식, 그리고 미지의 문화와 접하게 되고 새로운 발견을 하게 된다.

내가 톰을 보며 이런 깨달음을 얻은 것은 일백화점이 출범하고 3년쯤 지났을 무렵이다.

구인 취재를 위해 가미야마를 방문했을 때의 일이다. 다카마쓰역에서 탄 기차는 요시노가와 강을 건너자 금세 도쿠시마역에 도착했다. 가미야마는 도쿠시마역에서 자동차로 1시간쯤 떨어진 산간 마을이다. 정보가 없으면 그냥 지나쳐버릴 만한 곳이지만 해외에서 이주자가 모여들고 IT 기업 지사와 가게들도 여럿 생겨나고 있다.

역 앞에서 렌터카를 빌려 가미야마로 향했다. 나는 평소 노선버스를 타는 것도 좋아하고 로드바이크로 털털거리며 산길을 헤치며 달리는 것도 좋아 한다. 역 앞을 빠져나가자

금세 높은 건물이 사라지고 한적한 들판이 펼쳐졌다. 자동차는 느리게 언덕길을 올랐다.

긴 터널을 빠져나오자 가미야마 산이 손에 닿을 듯했다. 산은 점점 험해지고 발아래는 맑고 푸른 강물이 흘렀다. 이 지역의 돌은 푸르른 녹색을 띠고 있어 '청석(靑石)'이라고 부르며 강물도 아름다운 푸른색을 띤다. 이런 신비로운 풍경에 감탄하며 가미야마 산에 왔음을 실감했다.

예정된 구인 취재를 끝낸 후 '코튼필드'라는 캠프장에서 한가롭게 시간을 보내고 있었다. 발코니를 통해 밖으로 나오니 하늘과 산이 눈에 들어오고 인공물은 거의 보이지 않았다. '저 산 너머에는 무엇이 있을까?' 궁금해 하고 있는데, 톰이 불쑥 나타났다. 톰도 마침 가미야마 마을에 출장 와서 코튼필드에 머물고 있다고 했다.

"겐타 씨, 우리 드라이브라도 할까요?"

뜻밖이었지만 재미있겠다 싶어 곧바로 톰이 빌린 작은 렌터카에 올라탔다. 운전은 톰이 했다. 상류 쪽에 있는 마을까지 강줄기를 따라 달리다가 직각으로 방향을 틀어 산 쪽으로 계속 올라갔다. 어느덧 민가는 보이지 않고 침엽수가 빽빽한 숲속 길을 천천히 나아갔다. 그때 톰이 물었다.

"겐타 씨, 나는 지나온 길로 돌아가고 싶지 않아요. 계속 앞으로 나아갈 거예요. 괜찮겠어요?"

딱히 다른 일정이 있는 것도 아니고 자동차로 갈 수 있는 곳이라면 아무리 산속이라도 조난될 리는 없겠다 싶어 고개를 끄덕였다. 차는 계속 산길로 나아갔다. 정상 부근에 이르러 차창 밖을 내다보았다. 한여름이라고 하기에는 조금 서늘했다. 마침 시야가 탁 트인 곳이어서 발아래로 가미야마 마을과 저 멀리에 요시노가와 강이 보였다. 이제 슬슬 돌아가려나 했지만 역시 톰은 돌아가지 않았다.

휴대전화 전파는 끊어진 지 오래고 차량 내비게이션도 작동되지 않았다. 우리는 지금, 어디에 있는 걸까? 살짝 불안해졌다. 산마루를 넘어 산 반대편으로 나아가니 자갈길이 나타났다. 군데군데 작은 산사태 흔적도 있었다. 조그마한 차체가 덜컹덜컹 흔들렸고, 우리는 계속 나아갔다.

옆자리의 톰을 바라보니 조심스럽게 운전하면서도 앞만 보고 있다. 그때 포장도로가 나타났다. '이제 괜찮아' 하는 공기가 차 안에 흘렀지만 곧 다시 자갈길로 바뀌었다. 침묵이 흐르는 차 안. 그래도 길은 이어졌다. 여기까지 온 이상 나도 되돌아가고 싶지 않았다.

한동안 달리니 다시 포장도로가 나타났다. 더 이상 자갈길은 나오지 않는다. 인기척이 있는 민가도 보이기 시작했다. 우리는 다리를 건너 적당한 곳에 차를 정차시켰다. 매혹적인 푸른색 강이 흐르고 있었다. 나는 마침 세토내해에서 헤엄치려고 수영복을 챙겨왔기에 갈아입고 강가로 내려갔다. 톰은 "겐타 씨는 좋겠네" 하며 부러운 듯 나를 바라보았다.

나는 재빨리 강에 뛰어들었다. 차가운 물이 상쾌했다. 강바닥이 투명하게 비칠 만큼 물이 맑고 깨끗했다. 숨을 멈추고 자맥질하니 마치 시간이 천천히 나아가는 느낌이 들었다. 물 위로 얼굴을 내밀어 숲을 올려다보니 산 풍경이 눈에 들어왔다. '우리가 저산을 넘어 여기까지 왔구나' 하는 감탄이 절로 나왔다. 어느새 톰도 바지를 걷어 올린 채 강물에 발을 담갔다.

누군가 이런 경험을 해보고 싶다고 해도 안내 책자에 실려 있지도 않고 인터넷에서 알아낼 수도 없을 것이다. 톰의 도전적이고 즉흥적인 생각이 있었기에 이런 멋진 시간을 보낼 수 있었다.

그 순간 나는 지나온 길을 되돌아가고 싶지 않다는 톰의 기분을 이해했다. 조수석에 앉아 자갈길을 달릴 때는 솔직히 '왜 톰을 따라 나섰을까' 하며 기대보다 불안한 마음이 컸다. 톰은 지나온 길은 되돌아가지 않고, 계속 앞으로 나아가는 길을 선택하면서 살아온 사람이다. 그런 방식으로 자신의 인생을, 일을 만들어온 것이다.

나도 이왕이면 아직 한 번도 가본 적 없는 길로 나아가고 싶다. 새로운 기회와 좋은 해프닝을 만들어내고 싶다. 그런 새로운 만남을 통해 내 안의 씨앗들이 싹을 틔우게 될 것이라고 기대하면서.

그 일이 있고 몇 년이 지나 톰과 술을 마셨다. 그때 당시 함께 드라이브한 이야기가 나왔다. 어째서 지나온 길을 돌아가지 않았느냐고 물었더니 그가 일본에 처음 왔을 때의 이야기를 들려주었다. 그가 낯선 일본으로 와서 지금까지 오게 된 것도 스스로 '좋은 해프닝'을 계속 만들어갔기 때문이었다. 그와 나눈 대화를 옮겨본다.

"일본에 오기 전에 미국에 있었어요. 영국 출신이지만 미국에서 유학 중이었죠. 거기서 일본인 여성을 만났어요. 그녀가 여름방학에 일본으로 돌아가는데 함께 가지 않겠냐고 권유했죠. 사실 일본이라는 나라가 어디에 있는지도 잘 몰랐고, 그녀 말고는 아무 연관도 없고 관심도 없었지만 '좋아, 한번 가볼까' 하는 마음을 따르다 보니 오게 되었지요."

당시 톰 일행은 가난했기에 가능한 한 저렴하게 여행하고 싶었다고 한다. 아직 인터넷도 없던 시절이라 정보도 적었다. 그래서 일단 도쿄에 있는 유스호스텔센터로 갔다고 한다.

"거기서 등록해서 카드를 만들고 책을 한 권 받았어요. 「전국 유스호스텔 가이드」라고 만화잡지 같은 저렴한 종이에 인쇄된 책이었어요. 돈이 없으니 신칸센도 탈 수 없어 요금이 저렴한 기차를 탔죠. 책자를 보며 묵을 곳을 찾으니 절 표시가 가득 붙어 있는 거예요, 卍라는. 그때 일본 곳곳에 유스호스텔을 운영하는 절이 많다는 것을 알게 되었지요."

이야기를 들어보니 그들이 도착한 곳은 후쿠이현의 어느 마을이었던 것 같다. 저물녘에 역에 내려 배낭을 메고 절에 도착했고 주위에는 논이 펼쳐져 있었다고 한다.

"안에 들어가 체크인하고 나니 그날 밤은 우리밖에 없었어요. 유스호스텔은 남녀 객실이 구분되어 있잖아요. 그것은 전 세계 공통된 규칙이라 그녀는 여성 객실로, 나는 남성 객실로 갔어요. 내 기억에 남성 객실은 다섯 평 정도였어요. 짐을 내려놓고 장지문을 열자 바로 옆은 본당인 거예요. 불경을 읽는 장소가 바로 눈앞에 있었어요. 목어, 금으로 된 연꽃, 불상 등이 보였고, 본당 옆에는 작은 휴식 공간도 있었어요. 작은 테이블, 검은색 비닐 소파 그리고 낡은 자동판매기가 있었어요. 빨간색의 낡은 코카콜라 자판기. 그 자판기가 좀 오래되어서 그런지 압축기가 1분에 한 번씩 돌아가면서 '부부부부부부' 하는 소리가 났어요."

자판기 옆에는 책장이 있었고 그 위에 놓인 텔레비전에서는 야구 야간 경기가 중계되고 있었다고 한다. 그들은 목욕한 후 자판기에서 코카콜라를 사고, 비닐 소파에 앉아 재떨이가 놓여 있기에 담배에 불을 붙였다. 텔레비전에서 '빠빠라빠빠, 빠빠빠빠', '차차차차차차차차' 하는 응원 소리가 들리자 마치 생각났다는 듯 자판기에서 '부부부부부부부' 하는 소리가 났다고 한다.

"우리는 그런 장소에 있었어요. 거기서 언뜻언뜻 경 읽는 장소가 보이고, 향내도 풀풀 나고요. '대단하다!' 하고 생각했어요. 내게는 이국적인, 불교의 기도하는 불전이 있고, 그 바로 옆에 코카콜라와 야구가 있고…… 그때 나는 말보로를 피우고 있었어요. 빨간 말보로."

그러자 주지 스님이 왔다고 한다.

"일흔다섯 살 정도 되었을까? (승복이 아닌) 평상복을 입고 있었어요. 밤이라서 조금 편안해 보이는 차림이었지요. 또렷이 기억나는 것은 여관의 저렴한 슬리퍼 있잖아요? 그런 누런색 슬리퍼를 신고 있었어요. 그리곤 내 옆에 앉는 거예요."

그동안에도 텔레비전에서는 야구 중계가 계속되고 문득 생각났다는 듯 자판기의 압축기가 이따금씩 돌아가고 있었다고 한다. 때마침 여름이라 매미도 울고 있었고.

"우리는 영어로 대화했는데, 내가 스님에게 우리 주위를 보며 이게 무엇이냐고 물었어요. 그랬더니 스님이 야구랑 자판기, 향냄새, 모두를 통틀어서 '이것이 선(禪)'이라고 하는 거예요. 또 스님은 정원에 벚나무가 있는데, 해마다 봄이 되면 있는 힘껏 새하얀 꽃을 피운 뒤 1주일 후에 1년에 걸쳐서 피워온 꽃잎이 모두 하늘하늘 날리며 땅에 떨어져 버린다고 말했어요. 단 1주일 만에. 스님은 '그것이 선'이라고 했어요."

"스님이 이번에는 저 소리가 들리느냐고 물었어요. 귀 기울여보니 '매앰매앰' 하는 매미울음 소리가 들려왔어요. 영국에는 매미가 없어요. 스님이, 매미는 태어나서 7년 동안 어두운 땅속에서 지내다 흙에서 나와 허물을 벗고 1주일 정도 날아다니다가 상대를 찾아내 교미하고 알을 낳고 죽는다고 했어요. '그것도 선'이라는 거예요. 야구 응원가가 '땃따라따따, 따따따따' 하고 울리고, 빨간색 코카콜라 자판기가 '부부부부부부' 울고 있고, 뒤에는 불상이 있고, 향냄새가 물씬 풍기는 공간 속에서 주지 스님이 싸구려 비닐 슬리퍼를 신고 이런 이야기를 들려주고, 나는 담배를 피우면서 코카콜라를 마시고 있었어요. 그 순간, '이 나라를 더 알아야겠다' 하고 마음먹었고 지금까지 오게 된 거예요. 처음 경험하는 문화의 낯선 매력에 끌려 계속 오게 된 거죠. 나도 영국에서 엄격한 그리스도교 계통의 학교에 다녀서 성당에는 자주 갔어요. 그래서 성당이 어떤 곳인지 잘 안다고 생각했지요. 기도하는 장소이자, 하느님의 집이라고요."

코카콜라를 마시지 않지요?

"마시지 않아요."

담배도 피우지 않고요?

"피우지 않아요. 야구도 안 보고, 숙박도 안 하고, 오직 기도의 장으로 사용하죠. 그런데 일본의 절 안에서는 콜라를 마시고 담배를 피우고 목욕을 하고 잠옷 차림으로 한가롭게 야구를 보고 있으면 주지 스님이 다가와서 엄청나게 철학적인 이야기를 해주잖아요. 어쩌면 다른 곳에서 매미나 벚꽃 이야기를 들었다면 다른 인상을 받을지도 모르지요. 하지만 그때는 그 의미를 이해할 수 있었어요. 그것이 정말 선인지 어떤지는 알 수 없지만 당시 외부자였던 내 마음을 흔든 이야기였어요. '이런 분위기가 허락되는 게 일본이구나' 하고 생각했지요. 지금 생각하면 허락이라는 말은 맞지 않죠. 허락하기 위해서는 원래 그것이 안 된다는 감각이 전제되어야 하니까. 그런데 그곳에서는 원래부터 안 된다고 하는 감각이 없었어요."

그것이 그냥 그곳에 있었군요.

"그렇지요."

충동과 사귀다

내가 일본일백화점을 시작하는 데 물주기가 된 책이 한 권 있다. 그것은 『자기 일을 만들다』*이다. 처음 이 책을 손에 든 것은 사회인이 되고 얼마 안 되었을 때였다. 도쿄 세타가야구 구혼부쓰에 '디 앤드 디파트먼트(D&Department)'라는 재미있는 가게가 있다고 해서 훌쩍 들렀을 때의 일이다. 1층에는 카페가 있고 2층에는 여러 가지 가구와 잡화가 진열되어 있었다. 그 공간은 '롱 라이프 디자인(long-life design)'의 관점에서 긴 호흡으로 디자

* 원서명은 『自分の仕事をつくる』.

인한 것들이 특징이었고, 천천히 둘러보고만 있어도 즐거웠다.

나는 가게 안을 이리저리 구경하다가 서적 코너에서 『자기 일을 만들다』를 발견하고 왠지 끌려서 사게 되었다. 처음에 강하게 끌렸던 것처럼 읽기 시작하자마자 빠져들었다. 이 책은 저자인 니시무라 요시아키 씨가 여러 직장을 방문해 인터뷰하면서 느낀 것이 주 내용이다. 그러나 이 책은 일과 일하는 방식을 다룬 다른 책들과는 여러 가지 면에서 달랐다.

예를 들어, **일 관련 책에 흔히 소개되는 유형 중 하나가 '이 법칙만 지키면 잘 된다'는 것, 이른바 정답이 정해져 있다는 것이다. 나는 이런 방식이 불편하다. 그 법칙이란 게 누군가에게는 답이 될 수는 있어도 내게는 답이 아닐 수 있기 때문이다. 그리고 답은 스스로 찾고 싶다.**

『자기 일을 만들다』는 책 아랫부분에 아주 넓은 여백이 있다. 책을 읽다가 무언가 메모하고 싶은 게 있으면 거기 써넣을 수 있다. 책에 적힌 내용뿐 아니라 자신이 느

니시무라 요시아키(西村佳哲)

… 자신의 충동과 사귀어야 한다.

1964년 도쿄 출생. 리빙월드 대표. '일하는 방식' 연구가. 무사시노예술대학을 졸업하고 대형 건설회사를 거쳐 현재 플래닝 디렉터로 일한다. 30대에는 모노즈쿠리, 40대에는 공간 만들기를 거쳐 50대 이후에는 건설 플래닝과 마을 조성에 열정을 쏟고 있다.

낀 점을 소중히 여기길 바라는 마음에서 그렇게 만든 것이리라.

이 책의 문장들은 몇 번이고 되풀이해서 읽어도 그때마다 여러 가지 생각이 머리에 떠오르게 만든다. 마치 니시무라와 동행하며 이야기를 듣고 있는 느낌이다. 이 책에서 얻을 수 있는 깨달음은 읽는 사람의 수만큼 많을 것이다. 누구나 이 책을 통해 자신만의 새로운 발견을 하게 될 것이다.

내가 일본일백화점을 출범하고 1년 정도 지났을 무렵 니시무라 씨와 처음으로 직접 만날 기회가 있었다. 니시무라 씨는 '일하는 방식' 연구가로, 책을 쓰고 워크숍을 여는 한편 모노즈쿠리*와 건축계획, 조직개발에도 관여하고 있다. 어떤 프로젝트에 함께 참가한 것을 계기로 나는 어려운 일이 있을 때면 니시무라 씨에게 조언을 구하기도 했다. 어느 날 문득 니시무라 씨는 어떤 '물 주기'를 하고 있는지 궁금해서 물어보았다.

---

* 최고의 제품을 만들기 위해 심혈을 기울이는 자세로, 일본 사회의 장인정신을 의미하며 세계적 경쟁력을 갖춘 일본 중소제조업의 특징을 통칭하는 용어.

2015년 봄, 니시무라 씨가 지내는 도쿠시마현 가미야마를 찾아갔다. 그렇다, 가미야마는 톰 빈센트와 내가 드라이브한 곳이다. 가미야마에 있는 '구리카페'에서 니시무라 씨의 이야기를 들었다. 날씨가 좋아 우리는 야외 테이블에 앉았다. 먼저 근황을 주고받으며 한숨 돌리고 나서 니시무라 씨로부터 지금까지의 여정을 들었다.

"나는 고등학교 3학년 여름방학까지도 진로를 정하지 못한 채로 지냈어요. 중학교, 고등학교 때는 낙제생이었거든요. 'THE 낙제생'. 전교 순위 역시 끝에서 다섯 손가락 안에 꼽히는 수준이었죠. 공부를 못했으니까. 그래서 '나, 어떡하나' 싶었지요. 하지만 고3 여름방학에 '아, 미대에 가자'고 마음먹었어요."

왜 미대였나요?

"거기에는 여러 가지 복선이 있어요. 나는 고등학교 2학년쯤부터 여러 명의 크리에이터를 만나고 있었어요. 당시 『피아』라는 정보지를 우연히 읽었는데, 앞쪽에 영화 개봉 정보가 실려 있고, 그다음 4페이지 정도에 자체 상영 소식이 있었어요. 아무개 영화연구소가 촬영한 8밀리 영화라든가, 고전인 〈전함 포템킨〉 같은 여러 영화를 자체적으로 상영하고 있었어요. 나는 '아, 이런 세계가 있구나!' 하고 감탄하며 들여다보는데 '무비메이트 100%'라는 아주 촌스러운 이름의 단체가 눈에 들어왔어요. 〈오렌징79〉라는 신작 영화 상영회를 한다고 적혀 있는데 왠지 그 영화에 확 끌렸어요. 읽어보니 도시마 구민센터에서 약 1주일 후 토요일에 상영하는데 입장료가 500엔 혹은 나뭇잎 2장이라는 거예요. 나는 상영회 당일 이케부쿠로역에서 내려 역 앞에 있는 공원 진달래꽃밭에서 나뭇잎 두 장을 주웠어요. 그런데 내 앞에서는 모두 차례차례 돈을 내고 있어서 '아차' 싶었어요. 그래도 일단 줄을 서서 기다리다가 '저, 나뭇잎인데요', '아, 나뭇잎이네요' 하는 대화를 주고받고 들어갈 수 있었지요."

"영화는 재미있었고, 분위기도 편안했어요. 나보다 나이가 조금 위인 사람들이 있어서 그들과 어울리게 되었어요. '무비메이트 100%'라는 촌스런 이름이지만 나와 잘 맞았던 것 같아요. 그곳에는 다양한 분야에서 활약하는 사람들이 모여 있었어요. 나보다 나이가 많은 남성 중에 데즈카 마사토라고 데즈카 오사무의 아들도 있고, 영화 촬영하는 이들 말고도 그 주변 편집자라든가 영화를 좋아하는 사람들이 있었지요. 나는 고등학생이라 모두에게 제법 귀여움을 받았어요. 예를 들어 만화 편집자인 아키야마 교이치로의 권유로 그의 파트너(만화작가)인 다카노 후미코나 오토모 가쓰히로를 만나기도 했고요. 심야영화관에서 오토모와 다시 만났는데 '니시무라 군, 영화 찍으려고 하는데 16밀리에 나오지 않을래?'라고 하더라고. 그래서 바로 가겠다고 대답했죠. 언젠가는 일요일에 전화가 걸려와 '지금부터 이토이 시게사토 일행이랑 개인전 보러 갔다가 돌아오는 길에 소바 먹을 건데 같이 갈래?'라고 한 적도 있어요. 그때도 '네!' 하고 바로 달려갔지요."

"그런 식으로 옆에서 소바를 먹기도 하고 때로는 자몽주스를 마시기도 하면서 고2, 고3, 재수생 시절을 보냈어요. 영화를 좋아하는 사람도 만화를 그리는 사람도 모두 스스로 생각해서 스스로 자신의 일을 만들어나가는 사람들이에요. 나는 거기에 감화되었던 것 같아요."

"사실 그 복선은 훨씬 더 이전에도 있었어요. 초등 6학년 무렵부터 학교에 마음 붙일 곳이 별로 없는 데다 학교가 사립이었던 탓에 통학에 한 시간 반 정도 걸렸는데, 방과 후 동네로 돌아오면 친구들이 없는 거예요. 일요일에 근처 운동장에 나가 동네 중학생들 팀에 '저, 끼워주세요' 하고 부탁한 적도 있으니까. 그런 식으로 있을 곳이 정말 없어서 학교에서 집에 오는 길에 잡지사에 놀러 간 적도 있어요. 그때 갔던 곳이 『단파(短波)』라는 잡지 편집부. 당시 해외 단파를 수신하는 게 유행이었는데 그 편집부를 찾아가 '나도 『단파』를 읽고 있어요'라고 하니까 '뭐라고? 초등학생 6학년 아이가 오다니!' 하는 식이었어요."

불쑥 편집부를 찾아가다니 대단하네요. 어떤 심경이었나요?

"주체를 못했던 거죠. 시간과 에너지가 남아돌아서. 나는 내 주위에 있는 것을 죄다 검색해서 이거다 싶은 것에 뛰어드는 걸 비교적 잘해요. 그때는 『단파』 편집부에 뛰어들었죠. 중학생 때는 『파후』라는 잡지가 있었는데, 니시신주쿠의 허름한 아파트에 있던 그 만화 편집부에도 꽤 오래 틀어박혀 있었지요. 거기 사람들이 '이젠 다음 호를 낼 수 없어…. 돈이 없다…' 하며 허덕이는 모습을 봤는데 그래도 모두가 일을 좋아서 하는 거예요. 그것도 아주 철저하게. 돈이 없다, 없다 하면서도. 그리고 중학생 무렵 내 애독서였던 게 미야와키 마유미라는 주택건축 건축가의 수필이었어요. 엄청 많이 읽었던 게 기억나요. 그렇게 어릴 때부터 공간을 만들거나 장소를 만들어가는 것에 관한 관심이 기본적으로 높았어요. 그런 것들이 훗날 하나로 이어지니까 재미있어요."

"이것도 조금 부끄러운 이야기지만, 고등학교 2학년쯤이었을 때 교실 뒤쪽 게시판에 '니시무기획'이라는 이름을 써넣기도 했어요. 다들 '이게 뭐야?' 하는 반응이라 '글쎄, 뭘까' 하고 얼버무렸지만요."

지금은 실제로 '기획' 일도 하고 있지요?

"맞아요, 나 자신은 막연히 알고 있었던 거죠. 내가 나아가는 방향을. 고등학교 때는 몸이 움직여서 '니시무기획'이라는 이름까지 썼는데 사고가 따라주질 못했죠. 그래도 십몇 년이 지나 이렇게 디자인플래닝이나 프로젝트플래닝 같은 기획 일을 하고 있지요."

막연히 알고 있지만, 아직 사고는 따라오지 못한다는 것은 어떤 뜻인가요?

"당시 기획이라는 말 자체는 잘 몰랐지만, 왠지 끌려서 미대를 졸업한 후 가지마건설에 입사해 인테리어 설계를 맡게 되었어요. 그곳에서 정말 다양한 기회를 얻고 좋은 경험도 많이 했어요. 감사할 따름이죠. 입사하고 처음에는 무조건 열심히 했어요. 혼나면서, 헉헉 대면서 했지요. 인테리어 설계란 건축공사 과정에서 보면 가장 마지막 단계이니까 끝에 가서 시간에 쫓기게 돼요. '내일 붙일 벽지, 오늘 밤에 정해둬' 하는 식이에요. 그런 일을 하고 있다 보니 생각하기를 좋아하는 나로서는 조금 힘들어졌어요. 그래서 기획 쪽으로 손을 뻗기 시작한 거예요. 2년째 무렵이었나? 상사가 '니시무라 군. OA(컴퓨터나 복사기)를 도입할 예정이니 그걸 담당하게'라고 하는데 DOS/V를 본 순간 싫더군요. 그래서 다른 게 없을까 알아보는데 디자인이 아주 잘된 게 있기에 가만 보니 매킨토시라는 거예요. '인테리어 디자인부에서만이라도 이것을 도입하자'라고 보고하고 내 멋대로 도입했어요. 도입하고 나니 사용법을 알려줘야 해서 설명서도 만들고. 다른 부서에서도 사용하고 싶다고 해서 다른 부서 사람들을 모아 강의도 하고. 업무지만 동아리 활동 같은 느낌이었어요. 그러다 보니 정보 관련 일은 '니시무라 군이 하게' 하는 분위기 되었어요. 예를 들어 '뭔가 재미있을 것 같은 버추얼 리얼리티 컨퍼런스라는 게 샌프란시스코에서 열리는데 다녀와도 될까요?', '(잘 모르지만) 그렇게 하게', '감사합니다!' 이렇게 되었지요."

"그래서 회사원 시절 마지막 무렵에 했던 게 '공모 올림픽'이었어요. 「공모 가이드」라는 잡지는 편의점에서도 팔고 있는데, 예를 들어 '오차 하이쿠 경연대회'라든가 '온천 네이밍 모집' 같은 것, 그리고 건축 설계공모 같은 것도 다루고 다양한 공모 안건이 실려 있어요. 그것을 우연히 읽고 여러 가지 작은 일이 있다는 것을 알게 되어 이것들에 모두 응모해보면 어떨까 생각한 거예요. 그 무렵 사외 친구가 많이 있었는데, 그래픽 디자이너라든가 편집자라든가 여배우의 자녀라든가 음악가라든가, 여러 동료에게 제안해서 몇 년 몇 월호의 「공모 가이드」를 사는 거예요. 그중에서 자신이 이거라고 생각한 안건, 단 자신의 전문 영역이 아닌 분야에 도전해서 그 결과를 모두가 즐기자고 생각했어요."

재미있네요. 역시 타고난 기획가시군요.

"자기들이 평소에 하는 일의 스펙트럼을 조금 넓혀서 신선한 공기를 불어 넣어보자는 느낌이랄까요? 혹은 자신의 능력을 전문 영역이 아닌 곳에서 시험해보자든가, 그저 단순히 즐겨보자는 느낌이었어요. 이런저런 의도가 있었죠. 내가 일하는 방식의 연구를 시작하기 전날 밤에 하는 것 중 하나였던 것 같아요. 놀이지만 아주 재미있었어요."

공모 올림픽에, 일하는 방식 연구까지. 회사원 시절부터 다양한 일을 시작하고 있었네요. 그렇게 행동으로 밀어붙이게 만드는 것은 무엇인가요?

"자신의 충동이랄까, 문득 마음속에 떠오른 것에 따르는 느낌이에요. 그런 것들과 내가 사귀는 느낌이죠. 실천이 중요하다든가 머리로 생각한다든가 하는 방식이 아니라 마음을 따르는 것이죠."

충동인가요?

"그래요. 『자기 일을 만들다』라는 책도 가지마건설 시절 과외활동에서 어느 디자인 잡지의 부편집장을 만난 게 계기가 되었어요. 퇴직하고 어느 정도 지났을 때 그에게 '이런 연재를 생각하고 있는데 쓰게 해줄 수 있냐'라고, 생각난 김에 그날 밤 메일을 보냈어요. 그랬더니 다음날 '좋아요, 합시다'라는 답장이 왔고, 그렇게 시작하게 되었어요.

그것도 충동이지요. 이걸 쓰지 않으면 죽을 것 같다는 느낌으로. 서른한 살 무렵에 연재를 시작했는데 서른네 살 즈음 '책으로 묶어내지 않겠냐?' 하는 제안이 왔어요. 하지만 연재하다가 도중에 다른 일로 바빠져서 멈췄다가 다시 처음부터 쓰기 시작해서 꽤 시간이 흐른 5년째 드디어 탈고하게 되었지요. 마지막 3년 동안은 서점에 갈 수 없었어요. 나는 아직 쓰지도 못하고 있는데, 책이 가득 있잖아요? 마침 그 무렵 릴리 프랑키가 『도쿄타워』를 내놓은 거예요. 나와는 무사시노미술대학 동기였어요. 그게 100만 부, 200만 부 팔리는 걸 보며 '아, 릴리는 해냈구나…' 하는 느낌이었지요."

니시무라 씨의 대학 시절은 『도쿄타워』 같은 느낌이었나요?

"저는 안 읽었어요(웃음). 너무 괴로워서……."

아, 죄송합니다(웃음). 니시무라 씨는 이후에 여러 권 책을 내놓으셨는데요, 하지만 저도 제 주위에서도 다들 『자기 일을 만들다』를 읽고 있어요. 첫 책이라서 그럴지도 모르고, 저자의 '충동'이 생생히 전해지기 때문일 거예요. 읽으면 저자의 충동과 만나서 자기 안에 충동이 생겨나는 것 같아요. 니시무라 씨는 여러 사람에게 이야기를 들으

며 어떻게 느꼈나요?

"글쎄요. 책에 야나기 소리 씨 이야기가 있는데요, 기억해요? 도면도 그리지 않고 프로토타입으로 가구를 만들어간다는 이야기. 나는 들으면서도 설계도도 없이 만든다는 게 어떤 걸까 몰라서 너무나 당혹스러우면서도 그대로 적었어요. 그리고는 나도 그렇게 해보자고 진지하게 생각했어요."

니시무라 씨가 야나기 소리 씨 사무실을 방문했을 때의 일화는 『자기 일을 만들다』에 자세히 소개되어 있다. 야나기 씨가 도면과 스케치도 그리지 않고 모형 재료를 자르고 붙이면서 가구 등을 디자인해나간다고 설명하자 니시무라 씨는 솔직히 '아무래도 상상이 안 됩니다' 하고 여러 번 반복해서 물었다.

"그래도 야나기 씨는 '아니, 만들 수 있어' 하고 말하잖아요. '만들 수 있다고 말씀하셔도 도면도 그리지 않고 어떻게 만드는지 잘 모르겠는데요', '아니, 만들 수 있어' 하며 몇 번이고 똑같은 대화를 주고받았어요. 의미를 이해하지는 못했지만 그때도 '뭔가 있구나' 하고 느꼈어요. 그의 기백이랄까, 사물을 대하는 자세라고 할까? 말뿐이 아니라 몸짓과 말투에도 드러나는 거예요."

몸짓에서도 전해옵니까?

"그럼요. 그에 대해 쓴 책이나 그의 어록을 읽는 것과 실제 그와 만나 이야기하거나 그가 제작하는 공간에 있는 것은 전혀 다른 경험이지요. 두세 시간 있었을 뿐인데도 완전히 달라요. 인간은 다면체라서 그 사람과 나와의 관계 속에서만 보이는 면이 있어요. 가족과의 관계 속에서라면 다른 면이 보이기도 하고, 고객이라면 또 다른 관계가 보이지요. 더욱 입체적이 되지요."

지금도 충동이 있나요?

"있어요(웃음). 날마다 나 자신과 사귀고 있어요. 왜 이런 걸 시작하고 말았을까 하면서."

2

싹이 터서
잎이 나다

첫 구인 의뢰

독립에 대한 불안

씨를 뿌리고 물을 주면 언젠가 싹이 튼다. 그러면 배축(胚軸)이 뻗어 나와 줄기가 되고 최초의 잎인 떡잎이 나기 시작한다. 내 안에서 싹이 튼 것은 슬로우잼에서 구인 사이트를 시작하겠다는 아이디어가 떠올랐을 때였다.

하지만 곧바로 시작할 수 있었던 것은 아니었다. 당시 샐러리맨이었고 독립에 대한 불안도 있었고 어디서부터 손을 써야 좋을지도 잘 몰랐다. 그해는 그대로 고민만 하며 보내고 2006년 연말부터 새해를 맞으며 줄곧 어떻게 시작할지 궁리했다.

만약 이대로 샐러리맨으로 일하면 어떻게 될까? 안정된 삶은 계속될지 모른다. 하지만 도전하지 않아서 후회할 것 같은 기분도 들었다. 그것은 내가 바라는 삶이 아니었다.

독립을 생각하고 있다고 주위 사람들에게 말하면 대부분 반대했다. 친구들도 '독립 따위 그만두라'라는 의견뿐이고 선배도 걱정해주는 건지 '신중히 생각하라'는 조언 일색이었다.

다행히도 내 부모는 듣지도 않고 반대부터 하는 분들은 아니었다. 마음속으로는 무척 걱정하고 있었을지도 모르지만 정말 고맙게도 나를 지켜보며 응원해주었다. 자녀가 위험을 무릅쓰려고 하면 걱정이 앞서는 게 부모의 마음일 것이다. 하지만 자녀가 안정된 길을 가기를 바라는 것은 부모 자신이 안심하고 싶어서가 아닐까? 나는 누군가에게 설명하거나 그들을 안심시키려고 살아가는 것이 아니다.

쉽게 결정하지 못하고 고민할 때도 슬로우잼이 의지가 되었다. 혼자 생각하는 것보다 주위에 사람이 있다는 것만으로 안심할 수 있고 그저 조용히 앉아 생각에 젖어 있어도 편안했다.

이미 내 안에 답은 나와 있었다. 하고 싶은 것은 분명하다. 하지만 고민하면 할수록 실패할 가능성이 커서 겁이 났다. 생각을 너무 많이 하는 것도 좋지 않다. 조금은 바보가 되지 않으면 독립 따위 불가능할지도 모른다. 그렇기에 슬로우잼에서 잠시 취하는 것도 나쁘지 않았다.

여행잡지를 읽는 감각

취직한 지 4년째 여름이 시작되기 전까지는 퇴사하겠다는 마음을 굳혔다. 그리고 2007년 10월 말에 퇴사했다.

그 후로 한동안 몇몇 회사에서 일하면서 구인 사이트를 열기 위한 준비를 해나갔다.

어떤 사이트를 꾸리면 좋을까? 인재업계에 일했던 게 아니기에 나는 기본적인 지식조차 없었다. 그렇지만 기존의 구인 사이트나 인재 회사와는 다른 방식으로 하고 싶었다. 한 가지 참고가 된 것이 있다면 그것은 구인 사이트가 아니라 '도쿄R부동산'의 홈페이지였다.

이 사이트에서 배운 것 중 하나는 조건만으로는 전달되지 않는 것이 많다는 것이다. 다른 사이트에서는 '역에서 몇 분', '몇 LDK' 같은 정보, 그리고 사진이나 평면도가 실린 게 대부분인데, 도쿄R부동산은 이런 정보는 물론이고 리모델링 가능한 물건, 주위에 자연이 풍부한 물건, 천장이 높은 것, 혹은 창고형 물건 등 범주를 세분해 소개했다.

내가 가장 좋아하는 것은 발코니가 넓은 공간이다. 그런 공간을 보고 있으면 식물을 많이 둘 수 있겠다거나 날씨가 좋은 날 햇볕을 쬘 수 있겠다거나 화로에 꽁치를 구우면서 술이라도 한잔할 수 있겠다는 등의 여러 가지 즐거운 일들이 머릿속에 떠오른다.

사람은 대개 필요에 따라 무언가를 선택하고 행동한다. 예컨대 근무지를 옮기게 되어 새로운 주거지를 찾는 것처럼 말이다. 하지만 도쿄R부동산은 어떤 필요가 없어도 이사하고픈 마음을 갖게 하는 사이트이다.

왜 그럴까? **분명 우리 마음의 '뿌리'를 움직이는 것은 돈이나 스펙이 아니다. 그보다는 자신이 어떻게 살고 싶은지, 어떤 시간을 축적해나가고 싶은지가 더 중요하다. 자신이 원하는 삶과 미래를 그릴 수 있을 때 우리 마음이 흔들리고 반응하게 된다. 그것이 지금 있는 '장소'와 제대로 연결된 미래일 때 더욱 그렇다.**

기분을 드높여주는 것은 세상에 많이 있다. 예컨대 소설을 읽으면 주인공이 된 것 같아지고, 영화를 보고 용기를 얻어 자신도 열심히 해보자고 마음을 다잡기도 한다. 그것은 멋진 체험이다. 하지만 주거를 바꾸면 현재의 자기 자신과 결부된 미래를 바꿀 수 있다. 이것이 도쿄R부동산을 찾는 이유 중 하나라고 생각한다.

인터넷을 활용해 누구나 주인공이 될 수 있는 시대가 되었다. 대부분의 사람이 잘 모르는 블로거나 유투버도 일부 사람에게는 스타이고 아이돌이다. 그들을 보면 누구나 나도 할 수 있지 않을까 하고 생각하게 된다. 누군가의 인터뷰를 읽고 동경하는 것만으로는 만족하지 못하는 사람이 늘어나는 듯하다. 하지만 구인 기사는 다르다. 응모해서 채용되면 자기 것이 된다.

도쿄R부동산과 일본일백화점도 처음에는 가벼운 마음으로 읽는 사람이 많다. 그것은 여행을 떠나지 않더라도 여행잡지를 즐겨 읽는 감각과 가까울지 모르겠다. 그러다 어느 날 '삐비빅' 하고 자신의 마음이 반응하는 것을 만나게 되었다는 이들이 많다. 지금의 자기 자신에게 이렇다 할 불만이 있는 것은 아니다. 이사나 이직을 하려고 하는 것도 아니다. 그러나 마음의 싹이 틔어진 것이다. 다양한 삶의

방식과 일하는 방식을 접하며 물 주기를 했더니 어느새 싹이 틔어진 것이다.

좋은 내용만 쓰지 않는다

도쿄R부동산에서 또 하나 배운 점은 부정적인 요소도 제대로 전달해야 한다는 것이다. 부동산중개소 업무 가운데서 가장 힘든 것은 집 보기를 안내하는 일이다. 부동산을 직접 보고 싶어 하는 사람을 안내하는 일로, 사실 부동산 정보를 수집하거나 계약업무를 처리하는 것보다 더 힘들다고 한다.

만약 부동산 정보를 제공할 때 좋은 점만을 소개하면 어떻게 될까? 당연히 집을 보려고 하는 사람들은 많아질 것이다. 하지만 막상 물건을 보고 기대했던 것과 다르면 아무리 신청이 많아도 좀처럼 계약으로까지 이어지지 않는다. 그렇기에 부정적인 점도 아울러서 정보를 있는 그대로 전달하는 것이 좋다.

예를 들어 도쿄R부동산에서는 건물에 엘리베이터가 없다거나 큰길에 접해 있어 소음에 민감한 사람에게는 맞지 않는다거나 하는 점도 명확히 소개한다. 나는 여기에서 힌트를 얻었다. 구인정보도 마찬가지여서 구인하려는 회사가 내세우는 매력적인 점뿐만 아니라 객관적인 조건을 있는 그대로 전달해야 한다. 부동산을 직접 확인하러 방문하는 것은 구인에서 말하자면 채용 면접에 해당할 것이다. 아무리 좋은 내용을 내세워도 면접 후 구직자가 뜻을 접기도 하고 만약 채용되더라도 곧바로 그만두게 된다면 구인자나 구직자 모두 곤란해진다.

특히 이직은 인생의 커다란 사건이다. 직업을 자주 바꾸는 것도 큰일이지만, 구인자 측도 가능한 한 오래 함께 갈 수 있는 사람과 일하고 싶게 마련이다. 그래서 해당 업체를 잘 이해할 수 있도록 소개해서 정말 관심을 가진 사람이 지원하도록 하는 것이 좋다. 예컨대 100명의 지원자가 모이는 것보다 그 회사에 공감하는 10명에 불과해도 한 사람 한 사람과 찬찬히 대화하는 시간을 갖는 것이 좋다. 그렇기에 애써 좋은 내용만 적지 않고 있는 그대로 전달하는 것이다. 인재업계에서는 흔히 '모집단을 넓혀야 한다'는 말을 한다. 그런데 이것이 잘못의 근원이 아닐까? 정말 필요한 것은 되도록 만남이 어긋나지 않게 하는 것이다.

다만 구인 사이트는 구인자, 즉 고용주로부터 소개료를

받는다. 그들로부터 돈을 받는데 구직자의 관점에서 쓰는 것을 허용해줄까? 부정적인 점을 걸러달라고 요구해오지는 않을까?

지금까지의 경험상 구인기사의 수정을 요구해오는 경우는 거의 없었다. 있다고 해도 구직자가 궁금해 하는 점을 써야 그 회사에 맞는 사람이 입사할 것이라고 정확히 설명한다. 그래야 구인자도 만족하고 구인 사이트를 만들고 있는 우리도 보람을 느낄 수 있다. 그렇게 하는 것이 결과적으로 모두 만족할 수 있는 방법이라고 생각한다. 그래도 구인업체가 기사의 부정적인 부분을 수정해달라고 요구하면 구인 게재를 거절하는 것을 원칙으로 삼고 있다.

'잘하는 것'은 중요하지 않다

구인 사이트를 제작하는 일은 성공하면 갚기로 하고 친구에게 무료로 부탁했다. 그다음은 일단 일을 하면서 해결해나가기로 했다. **흔히 '하고 싶은 것, 잘하는 것, 요구되는 것'이 겹치는 지점을 직업으로 삼아야 한다고 말한다. 하지만 이 가운데 '잘하는 것'은 그렇게 중요하지 않은 것 같다.**

누구나 처음에는 잘하지 못하기 때문이다. 일단 하면서 배워나가면 된다. 충분한 경험을 쌓고 나서 시작하겠다고 생각하면 언제까지고 시작할 수 없다.

구인 사이트 이름은 '도쿄일백화점'이라고 지었다. 백화점처럼 여러 가지 일이 넘쳐나는 장소를 만들고 싶었다. 시간이 지나면서 도쿄가 아닌 지방의 구인 의뢰도 많아져서 '일본일백화점'이라고 바꾸었지만, 당시는 '도쿄에 있는 일자리 백화점'을 그리며 이름 지었다. 나는 구인자들이 '세상에 이런 일도 있네!' 하며 놀라게 만들고 싶었다. 구인 사이트에 몇 가지 조건을 입력해서 나온 일자리만 자기에게 맞는 일이 아니다. 세계는 훨씬 넓고 다양한 삶의 방식과 일하는 방식이 존재한다. 많은 사람에게 이런 사실을 깨닫게 하고 싶었다.

이렇게 해서 2008년 8월, 구인 사이트 '도쿄일백화점'이 조용히 개설되었다. 블로그보다 조금 나은 정도의 모양새였고 처음에는 전혀 화제도 되지 않았다. 그런 무척 작은 한 걸음을, 친구들이 축복해준 것은 기뻤다. 무엇보다 기뻤던 것은 누군가를 설득하지 않고 내가 하고 싶은 일을 시작할 수 있었다는 것이다. 누가 하라는 대로 일하는 게 아니라 내가 원하는 방향으로 나아가는 게 마음 편했다. 다만 처음부터 잘나간 것은 아니었다.

전 재산이 만 엔도 안 되던 날

사이트를 오픈하고 처음에는 무료로 구인정보를 싣기로 했다. 실적이 없었고 아직 우리 사이트의 존재를 아는 사람도 거의 없었다. 만약 누군가 응원하는 마음으로 게재료를 내준다고 해도 아직 도움이 될 만한 힘이 없었다. 그렇다면 일단 무료로 기업을 취재해서 기사를 게재하고, 성사되면 비용은 그때 가서 검토하기로 했다.

그런데 무료 게재조차 거절하는 사람이 의외로 많았다. 사실 아직 우리는 신용도 실적도 아무것도 없었다. 그러므로 무료라고 해도 그런 구인 사이트에 게재하기를 꺼리는 것은 당연할지 모른다. 그래도 다양한 분야 사람들에게 연락해 구인 취재를 했다. 처음에는 구인 게재하는 건수가 기껏해야 한 달에 세 곳 정도였다. 돈이 점점 떨어져졌다.

사이트를 시작하고 석 달쯤 지났을 무렵, 재산이 만 엔도 안 된 적이 있다. 심지어 그날 어떤 모임에 초대받았었는데, 냉정하게 따지면 갈 수 없지만 결국 '뭐, 어떻게든 되겠지' 싶어 참석한 것을 기억한다.

그다음은 3,000장 넘게 갖고 있던 레코드를 팔거나 하면서 우선 필요한 자금을 변통했다. 룸 셰어를 한 것도 도움이 되었다. 나카메구로에 있는 집 한 채를 10만 엔에 빌려 세 명이 지냈으니 그 외에 드는 것은 식비와 수도 · 광열비, 휴대전화비 정도였다. 최소한으로 살아가는 데 한 달에 10만 엔도 안 들었다. 고정비용을 최소로 줄이면 버티며 도전할 수 있는 시간이 늘어난다.

하지만 어두운 터널의 출구는 좀처럼 보이지 않았다. 무료로 게재해주겠다고 제안해도 때로는 거절당하고 때로는 '이런 문장력으로 용케 잘 하는군!' 하는 혹평도 들었다. 사실 취재나 글쓰기 훈련을 받은 적이 없고 당시에는 문장의 수준도 높지 않았다.

그런데도 도중에 그만두지 않은 이유는 무엇일까? 나는 원칙을 고집하는 성격이 아니다. 포기도 자주 한다. 하지만 일본일백화점만은 중도에 그만두어야겠다고 생각한 적이 없었다. 내가 정말 하고 싶은 일이었고 만약 내가 포기한 후 다른 누군가가 같은 일을 시작해서 성공한다면 평생토록 후회할 것 같았다. 실패하더라도 그것으로 모든 게 끝나는 것은 아니다. 또 잘되도록 궁리해나가면 된다.

두 가지 출발점

그해 연말에 메일 한 통을 받았다. 일본일백화점 덕분에 원하는 사람을 채용할 수 있었다는 내용이었다. 나 스스로 하고 싶어 시작한 일이라도 타인이 자기를 필요로 해주지 않으면 속이 바짝바짝 타들어 간다. 그렇게 초조해질 무렵 이런 메일을 받으니 내 존재를 인정받은 것 같아 무척 기뻤다.

살아가듯 일하는 사람들이 일을 시작할 때 두 가지 출발점이 있는 것 같다. 하나는 '자기 일'이고 다른 하나가 '선물'이다. 전자는 나처럼 아직 니즈는 없지만 자기가 하고 싶어서 시작한 것이다. '남의 일'의 반대의 뜻이기도 하다.

후자인 '선물'은 누군가의 요구에 부응해서 시작한 것이다. 다만 요구받은 만큼만 답하는 게 아니라 요구받은 이상으로 응답하면 그것은 선물이 된다.

철저하게 자기가 하고 싶은 것을 하는 것, 요구받은 것 이상으로 해내서 응답하는 것. 둘 다 멋진 선택이고 좋은 방식이다.

새해가 되고부터 채용에 성공하는 사례가 많아졌다. 그리고 마침내 '루비스'라는 일본의 오래된 민가를 리노베이션하는 회사로부터 구인 기사를 실어달라는 의뢰가 들어왔다. 사이트를 오픈한 지 딱 반년 정도 되었을 때 처음으로 정식으로 게재의뢰를 받고 일하게 된 것이다. 이제 채용 실적도 쌓였으니 게재료를 받을 수도 있겠다고 생각했다.

서둘러 게재요금을 짜서 자료를 작성했다. 첫 미팅에서 대표인 후쿠이 노부유키 씨에게 우리 사이트의 방식과 비용을 설명했다. 그러자 간단히 '그럼, 잘 부탁드립니다'라는 답이 돌아왔다. 처음으로 비용을 받게 된 순간이었다. 언제나처럼 성심성의껏 업체를 취재해 기사를 싣자 구직자도 다수 모였다. 그로부터 몇 달 후 후쿠이 씨로부터 원하는 사람을 구했다는 연락을 받았다. '자기 일'이 '선물'이 되었다.

자기 일

내 방식

일본일백화점을 시작하고 8년쯤 되었을 무렵 '기무라유리점'에서 구인 의뢰를 받았다. 사이트에 올릴 구인 기사를 작성하기 위해 회사 대표를 만났다.

"나는 '절대유리감' 같은 게 있어요."

인터뷰는 이런 기무라 다케시 사장의 말로 시작되었다. 이 취재를 통해 나는 '자기 일'의 의미를 새삼 깊이 생각해 보게 되었다.

기무라유리점은 1910년에 창업한 유리 제조사이다. 창

기무라 다케시(木村武史)

… '내 방식'을 믿고 좋아해야 한다.

1943년생. 기무라유리점 대표. 대학 졸업 후 오사카의 작은 상점에 입주 점원으로 들어가 창고관리부터 영업까지 3년간 모든 업무를 경험했다. 물건 값을 지불하지 않는 손님에게 독촉하지 않고 가만히 얼굴을 내밀기만 해도 돈을 받을 수 있는 노하우를 알고 있다.

업 때부터 전문가가 사용하는 식탁용 식기 분야에서 자체 공장을 두지 않고 수많은 장인들, 여러 공장과 함께 일본 최고의 유리잔을 만들어왔다.

인터뷰 장소는 도쿄 분쿄구, 유지마에 있는 기무라유리점의 사무실이었다. 사방이 와인잔으로 둘러싸인 곳에서 '절대유리감이란 무엇일까' 궁금해 하며 기무라 씨의 이야기를 들었다.

"유리를 보면 어떤 유리인지 바로 알 수 있어요. 어릴 적부터 내내 수많은 유리를 봐와서 말이지요. 장인이 직접 만들었다면 그의 수준이 어떤지, 유리공장에서 만들었다면 장인이 기계를 어떻게 유지 보수하고 있는지도 알 수 있지요."

기계의 유지 보수 상태가 좋지 않으면 그게 유리에 나타나나요?

"나타나요. 완전한 상품으로 나오니까."

그렇다면 어디에 의뢰하면 원하는 수준의 잔을 만들 수 있는지도

알겠네요?

“전 세계의 잔을 모두 알 수 있는 건 아니지만, 우리가 거래하는 회사라면 어떤 식으로 제품이 만들어지는지 대개 알아요. 다만 장인이 기술적으로 만들 수 있더라도 채산성을 따져 주문을 받아주지 않기도 해요. 만들 수는 있지만 ‘한 개에 만 엔씩이나 주고 구매할 의사가 있느냐’라는 말을 듣게 되지요.”

주문을 받아 만들었는데 품질이 좋지 않은 경우가 있나요?

“있어요. 불량이라고 생각되는 것은 구입처에 반품해요. 물론 우리가 판매한 뒤 고객이 반품해오는 것도 있고요. 하지만 우리가 수긍할 수 없는 경우는 고객에게 ‘이것은 불량이 아니다’라고 분명히 말해요. 이런 것까지 불량으로 처리하면 경영이 유지되지 않는다고요. 고객은 안경렌즈와 같은 정도로 흠이 없기를 바라지만 안경렌즈가 아니니 그렇게까지 엄격한 기준으로 물건을 만들 생각은 없어요. 유리잔 하나를 5만 엔에 사준다면 안경렌즈에 가까운 기준으로 검품하겠지만. 그런데 우리 기준과 공장 기준 사이의 회색지대라는 게 있기 마련이라서 공장에 반품하기는 좀 그렇지만 고객에게 사달라고 하기도 껄끄러운, 모호한 지점이 있어요. 그때는 할인판매를 해버리는데 손님도 기꺼이 사줘요. 대개 이런 방식을 취하죠."

어쩐지 라쿠고(일본 전통 만담으로 혼자서 여러 인물을 연기하는 1인극_역자)를 듣고 있는 느낌이었다. 기무라 씨의 이야기 중에서 '우리 유리는 깨진다'라는 게 인상적이었다. 게다가 기무라유리점의 상품을 인터넷에서 판매하고 싶다는 사람이 나타나도 '안 팔린다'라며 거절한다고 한다. 보통 자기 물건에 대해서는 부정적인 말은 하고 싶지 않을 텐데도 그렇게 말한다고 한다.

"우리 유리를 팔고 싶다는 사람이 찾아와도 거절해요. 기무라 유리는 비싸서 잘 안 팔린다며."

왜 그렇게 말씀하세요?

"그게 사실이니까. 우리 유리가 잘 팔리는 제품이라고 생각하지 않아요, 나는."

그렇다면 팔리는 유리는 어떤 건가요?

"역시 저렴한 유리지요. 기무라 유리는 비싸서 많이 팔리지 않아요. 그래도 우리 비즈니스가 성립하는 것은 다행히 수제 유리의 장점을 피부로 느끼는 사람들이 있고, 그들이 사주는 덕분이죠. 물론 만들고 있는 나도 내가 좋다고 생각하는 물건을 만들어서 파는 것이고요."

내가 좋다고 믿는 것을 만들고 있다?

"음, 믿는다고 할 수도 있겠죠. 다만 믿는다, 안 믿는다기보다는 '좋아하는' 것을 만들고 있다는 게 더 맞을 거예요. 이런 유리를 만들 게 된 것도 문득 떠오른 것이고요. 하지만 다른 사람의 눈에는 그렇게 보이지 않을지도 모르죠."

요즘은 환경이 계속 바뀌니까 미리 규칙을 정해놓고 행동하기보다 상황에 맞게 행동하는 쪽이 결과도 좋은 것 같아요. 하지만 함께 일하는 사람들은 큰일이라고 생각할지도 모르죠. 조령모개(朝令暮改, 아침에 명령을 내렸다가 저녁에 다시 바꾼다는 뜻_역자)니까요.

"조령모개를 이제는 조령'주'개라고 한대요. 일전에 누군가 그러더라고요. '기무라, 조령모개라고 하면 시대를 따라가지 못해. 내 회사는 조령주개야철회(朝令晝改夜撤回_아침에 명령을 내렸다가 저녁에 바꾸고 밤에 없었던 걸로 한다는 뜻_역자)야'라고 하더군요. 그래서 '그거 좋은 방법이군' 하고 말해주었죠."

생각하고 있는 것에 대해 무척 솔직하신 것 같습니다.

"음, 지금 생각하고 있는 것에 대해서는 솔직하지요. 예를 들어 지금 대화를 하다가 어떤 새로운 자극을 받았다고 해요. 그러면 '아, 그렇구나' 하고 생각이 변할 가능성이 있어요. 그런데 나는 생각이 변하는 게 좋다고 생각해요. 그래도 전혀 문제없으니까. 일관성이 없다는 말을 듣더라도 지금 새로운 정보가 들어온다면 나는 바뀔 수 있어요. 하지만 스태프의 의견은 좀처럼 따르질 못해요."

왜 못하나요?

"내 딱딱한 머리가 그렇게 간단히 남의 의견을 따르질 못해요, 고집불통이라서. 남이 뭐라고 말하면 일단 들어요. 상대가 진지하게 한 말은 기억력이 안 좋은 나도 다 기억해요. '저 사람이 저렇게 말했는데, 무슨 뜻일까?' 하고 마음에 남아요. 별 상관없는 이야기일 수도 있지만, 일부러 그 이야기를 꺼내서 해주는 것이니까요. 상대의 이야기가 어떤 식으로 마음에 남을지는 나도 잘 몰라요."

기무라 씨는 일할 때 스태프들과 어떻게 소통할까? 이에 대해 묻자 기무라 씨가 한 가지 일화를 들려주었다. 기무라 유리의 쇼룸을 가게로 바꾸려고 계획했을 때의 일이다.

"한 스태프가 '도대체 무슨 생각을 하시는 겁니까, 사장님!' 하는 거야. '무슨 생각을 하냐니. 나는 아무것도 생각하지 않아'라는 게 내 대답이었죠. '확실한 계획을 갖고 계십니까?'라고 묻기에 '계획 따위 세우지 않았어'라고 답했죠. 미안하지만 가게를 해본 적도 없고, 경험도 없으니 계획을 세우려고 해도 어떻게 세우면 좋을지 몰랐어요. 실현될지 어떨지도 모르는 계획을 세우고 만족해하며 계획대로 되었다거나 안 되었다거나 판단할 생각도 없다고 했죠."

계획대로 진행하는 게 목적이 아니었던 거네요. 좋아하는 일을 하는 것이 중요하고, 해보지 않으면 모른다고 생각하신 것 같아요.

"맞아요. 내가 해보지 않으면 모른다고 하자 스태프도 '그렇습니까?'라며 가만히 있었지만 나중에 가서 또 한 치도 물러서지 않는 거예요, '확실하게 해야 한다'라며. 그 '확실하게'가 뭔지 모르니까 나는 내 방식대로 한다고 했어요."

그래도 기무라 씨는 자신의 의견을 일방적으로 밀어붙인다는 느낌은 안 들어요.

"일방적으로 밀어붙일 마음은 전혀 없어요. 이해가 안 되는 것은 나도 따르지 않지만, 상대에게 내 의견을 받아들이라고 강요할 생각도 없어요. 하지만 대화가 많아지면 서로 이해하지 못하는 점도 이해할 수 있게 되죠. 그러는 사이에 좋은 생각이 떠오를 수도 있고요. 적어도 나는 명령조로 말하지는 않아요. 그리고 괜히 트집도 잡거나 화를 내지도 않는다고 생각해요. 물론 농담을 주고받을 때는 불평도 말하지만요! 하지만 상대가 진지하게 받아들이면 농담으로라도 명령조로 말하거나 화를 내거나 하지 않아요."

이런 기무라 씨 아래서 일하는 것은 어떤 느낌일까? 직원인 이가하타 아야코 씨에게 들어보았다. 아야코 씨는 그 전에 빵집에서 십 년 동안 일했다고 한다.

"빵집은 아침 일찍 출근해야 하는데다 제조업이라 힘들었어요. 좀 더 오래 계속 할 수 있는 일을 찾다가 숙모가 '도쿄돔 테이블웨어 페스티벌'에 출전한 기무라유리점에서 아르바이트해보지 않겠느냐고 권했어요."

아야코 씨는 그때 기무라 씨를 만난 것을 계기로 함께 일하게 되었다고 한다. 첫인상은 어땠을까?

"글쎄요, 첫인상은 개성적인 분 같다고 느꼈어요. 나쁜 회사는 아닌 것 같아서 일하다 보니 어느새 만 2년이 지났어요."

지금은 어떤 일을 하고 있나요?

"상품관리예요. 재고를 확인해서 포장하고 발송하는 일이죠."

처음에는 어떤 일부터 시작합니까?

"맨 처음에는 물품 장소를 알아두는 것부터 했어요. 외우지 않아도 컴퓨터를 보면 보관 장소를 알 수 있어 자연히 외우게 되지만요. 나머지는 거의 서서 하는 일인데 무거운 것을 옮기기도 해요. 일하다 보면 몸이 단련되지요. 저는 살이 쪘지만요."

기무라 사장님은 어떤 분인가요?

"음…… 괴짜예요."

그렇군요. 말이 논리적이고, 자신의 의견을 밀어붙이지 않고, 상대의 말을 듣지만 쉽게 받아들이지는 않는 분 같던데요.

"맞아요. 사장님이 어떤 사안에 대해 말할 때는 이미 사장님 마음속에서 결정을 내렸다는 느낌이에요."

함께 있을 때 긴장감은 있습니까?

"별로 없어요. 저는 전혀 느끼지 않아요."

화도 내지 않는다고 하시던데요?

"화내신 적은 없어요."

직원과 대화를 나눠보니 괜히 긴장하거나 스트레스를 받는 일은 없는 듯했다. 회식도 가끔 한다고 하고 가족 같은 따스함도 느껴졌다. 하지만 기무라 씨에게 확인하니 이는 사실과 다르다고 했다.

"가족적인 분위기에서 일하자고 하는 것은 싫어해요, 나는."

하지만 가족적인 분위기가 느껴집니다.

"그럴 거예요. 남들도 그렇게 말해요. 하지만 그렇게 하자고 하는 것은 싫어요. 가족적인 분위기로 일하자고 정해두는 것은."

'이렇게 합시다' 하고 정해두는 것은 싫다. 새로운 정보가 들어오면 생각을 바꿀 수 있다. 상대에게 자신의 의견을 밀어붙이지 않는다. 지금 자기가 생각하기에 솔직하고 좋아하는 것을 해나가고 싶다. 이런 태도는 기무라 씨가 일을 할 때나 생활할 때나 일관되어 있는 것 같았다. 자기가 만들고 싶은 유리를 만들고, 그것을 좋아하는 사람이 사주면 된다는 자세가 느껴졌다.

참고로 이 이야기는 일본일백화점에 실었던 구인모집 기사를 거의 그대로 옮긴 것이다. 나는 기존 구인 회사들처럼 기본적인 채용조건과 정보만 올리는 것이 아니라 해당 업체를 직접 찾아가 취재와 인터뷰한 내용을 '기사'로 작성해서 사이트에 올린다.

나는 기무라유리점의 이 구인 기사에 '내 방식'이라는 제목을 붙였다. 이 기사를 읽고 완고한 오너의 '원맨경영' 회사 같다고 느끼는 사람도 있을 것이다. 분명 '원맨'이긴

하지만 사장이 자신의 방식만 강요하거나 불필요한 스트레스를 준다는 느낌은 전혀 들지 않았다. 이 기사를 찬찬히 읽는다면 내가 느낀 것이 그대로 전해질 것이라고 생각했다. 결과적으로 이 구인 기사를 보고 100명 이상이 지원했고 기무라 씨도 좋은 사람이 채용되었다고 기뻐했다.

물론 이런 식으로 소개되는 것을 원치 않는 회사도 있을 것이다. 대개 직원을 구할 때는 회사의 부정적인 점은 감추고 좋은 점은 더 부각하고 싶어 한다. 하지만 부정적인 면까지 있는 그대로 전달하는 것이 좋은 결과로 이어지는 것 같다. 감추고 싶은 게 있는 회사라면, 우리의 방식이 그다지 도움이 되지 못할 것이다.

기무라 씨는 '자기 일'을 하는 사람이다. 타인의 말을 따르기보다 언제나 자신이 좋아하는 것, 해보고 싶은 것을 추구한다. 그런 강한 열망이 기무라 씨가 만든 유리잔에 형태가 되어 나타나고, 자연히 고객들도 매료된다. 함께 일하고 싶어 하는 사람도 모여든다.

우리의 구인 기사는 모집 요강 따위로는 나타낼 수 없는, 이런 뿌리 부분을 전달하고자 한다. 일하는 사람들의 열망이 강렬하다면 분명 그 일을 찾는 사람들의 마음에 닿을 수 있을 것이다.

만약 '자기 일'의 정반대가 있다면 '다수결'이 아닐까? 혹은 '마켓'이나 '시장'이라는 말도 가까울지 모른다. 언뜻 생각하면 많은 사람이 생각하는 최대공약수적인 의견이 옳게 여겨진다. 하지만 내가 끌리는 것은 그와 상관없이 누군가 열망해서 형태가 된, 그 사람의 존재가 확실히 아로새겨진 것이다.

일본일백화점도 시작은 자기 일이었다. '이런 구인 사이트를 만들어달라!'고 요구한 사람은 없었다. 오히려 잘 안 될 테니 그만두라는 의견뿐이었다.

다수결로 무언가를 정하는 경우, 한 사람 한 사람의 태도가 가벼우면 아무리 많은 수가 모여도 강력함을 잃어버리기도 한다. 혹은 모두의 의견을 합쳐서 뭔가를 정하려고 하면 절충안 같은 게 되어 뼈대가 완전히 빠져버린다. 물론, 한 사람보다 두 사람, 세 사람이 모이면 문수보살 같은 지혜가 나온다고 생각하는 사람들도 있다. 집단지성이라는 말도 있다. 하지만 나는 많은 사람이 동의하는 것을 따르는 것보다, 비록 한 사람이라도 열심히 생각하고 행동하는 것에 더 큰 매력을 느낀다.

내가 첫 번째 학생이 되어 듣고 싶은 수업을 만든다

왜 그럴까? 이런 의문에 대한 힌트가 되는 것이 '시부야대학'의 수업 만들기이다. 시부야대학은 학교교육법상 정해진 정규 대학이 아니다. 마을을 통째로 캠퍼스로 만들어 시부야 전체를 배움의 장으로 삼는 것을 모토로 진행되고 있다.

시부야대학의 콘셉트를 나타내는 말로 '누구나가 선생님, 누구나가 학생'이라는 구호가 있다. 일반적인 교육에서는 선생님과 학생의 역할이 고정되어 있어 학생은 대개 수동적이 된다. 하지만 시부야대학에서는 누구나 학생이면서 동시에 선생님도 될 수 있다.

시부야대학 학장인 사쿄 야스아키 씨에게 시부야대학 수업에는 왜 강렬함이 있는지 물었다.

"시부야대학의 특징은 수업을 만드는 방식에 있습니다.

시부야대학에서는 풀타임으로 일하는 사람은 수업을 만들지 않아요."

시부야대학의 직원으로 일하는 사람들은 수업을 만들지 않는다는 것인가요?

사쿄 야스아키(佐京泰明)
… 정말 하고 싶은 일인가?
1979년 후쿠오카 출생. 특정비영리활동법인(NPO) 시부야대학 대표. 2006년 시부야대학을 설립하고 '시부야 거리가 통째로 캠퍼스'라는 콘셉트로 생애학습, 마을 조성 관련 사업을 진행하며, 그 경험을 살려 NPO 경영 자문 등을 하고 있다.

"그래요. 수업을 만드는 사람들은 자원봉사 스태프들이에요. 여러 가지 일을 하면서 두 번째 명함을 갖기 위해 시부야대학에서 활동하는 사람들이죠. '지금 내가 첫 번째 학생이 되어 듣고 싶은 수업을 만들자'가 수업 만들기의 표어예요. 예를 들어 지금 자기가 꽂혀 있는 이슈나 누군가와 논의하고 싶은 문제 등 자신의 일과 관련한 주제가 있지 않겠습니까? 거기서부터 기획을 세워나가고, 그에 적합한 강사를 찾아요. 반드시 수업을 만드는 사람의 동기에서 시작하는 거예요. 그래서 이른바 마케팅적으로 이런 대상에게 필요한 주제를 다루면 사람을 모을 수 있지 않을까 하는 생각은 거의 하지 않아요. 첫 번째 학생은 수업을 만들고 있는 자원봉사 스태프 자신입니다."

시부야대학 회의에서 학장님이 자주 '정말 그것을 하고 싶은가?'

하고 질문하던 게 인상적이었습니다.

"맞아요. 매월 새로운 자원봉사 스태프가 들어오는데, '왜 자원봉사를 하려고 합니까?' 하고 반드시 물어요. 그러면 흔히 '자기 세계를 넓히고 싶어서'라는 대답이 돌아옵니다. 그 마음을 너무나 잘 알지요. 직장에서는 아무래도 만나는 사람이나 세계가 한정되잖아요. 거래처라든가 직장 동료라든가. 이런 동기는 수강자들도 마찬가지예요. 대개 비슷한 동기를 가진 사람이 모여들어요. 또 수업의 강사들도 스태프나 수강자의 강한 동기를 이해하고 부탁받기 때문에 기쁘지 않을까요? 시부야대학에서는 수업하는 강사에게 지불하는 사례금이 아주 적어요. 그럼에도 불구하고 강사를 맡아주는 것은 의뢰하는 쪽이 개인적인 열정을 지니고 있기 때문이라고 생각해요."

내 일의 첫 고객은 나 자신

흔히 요즘을 정답이 없는 시대라고 하지만 그럴 때일수록 자기 자신에게 물어보게 된다. 이것은 내가 하고 싶은 일인가? 진정으로 바라는 것인가? 내가 고객의 입장이라도 이렇게 하기를 원할까? 이런 식으로 자신에게 질문하는 일은 막혀 있는 문제를 해결로 이끄는 좋은 방법이 된다. 그것은 일을 시작할 때뿐만 아니라 도중에 멈춰 서서 생각할 때에도 도움이 된다.

어느 날 우리가 운영하는 '리틀도쿄'에서 음식을 제공하기로 했다. 리틀도쿄는 우리 사무실의 이벤트 공간과 바가 있는 곳(건물)이다. 2013년에 도쿄 도라노몬에 오픈해 나중에 키요스미시라카와로 이전했다.

'이 가게가 집 근처에 있는데 아무런 인연도 없는 상태라면 가게에 들어가고 싶은 마음이 들까? 단골이 되고 싶은 가게는 어떤 곳일까? 내가 하고 싶은 가게는 어떤 모습인가?'

스스로에게 질문을 던지며 나 자신의 기분과 마주했다. 내 일의 첫 고객은 자신이므로. 나 자신의 기분과 철저하게 마주한 끝에 만들어진 것은 나를 뛰어넘어 분명 누군가에게 닿을 것이라고 믿으면서.

선물

요구받은 것에 응답하면서 일에 탐닉하다

자기가 하고 싶은 것을 자기 일로 삼는 사람이 있는가 하면 타인의 요청으로 어떤 일을 시작하는 사람도 있다. 몇 해 전 '브뤼케'의 패션크리에이터인 이토 사치코 씨를 취재했을 때 이를 새삼 실감했다.

시부야역에서 조금 떨어진 한적한 주택가. 벽돌로 지은 큰 주택 같은 사무실에 도착해 벨을 누르자 문이 열렸다. 안으로 들어가니 수많은 옷감이 눈에 들어왔다. 그 외에도 여러 가지 물건이 가득 차 있어서 어수선한 듯했지만 분위기가 산뜻했다. 편안한 분위기 속에 약간의 긴장감 같은 것도 느껴졌다.

브뤽케는 무대나 영화, CM 등의 의상을 제작하는 회사이다. 이토 씨는 PARCO나 시세이도, 산토리 광고 등을 통해 일을 시작했다. 내가 좋아하는 것은 영화 〈공기인형〉과 LAFORET의 CM 등이다. 특히 인상적이었던 것이 드라마 〈시라스 지로〉였다. 드라마 속 장례식 장면에서 처음에는 시라스 마사코의 상복이 '기모노'로 설정되었다고 한다.

이토 사치코(伊藤佐智子)

… 아쉬움이 없도록 끝까지 파고든다.

패션 크리에이터. 영화, 연극, 광고에 의상과 관련한 다양한 표현을 구성하고 제안한다. 의상 디자인은 물론 상품 개발, 공간 디자인 등 장르를 초월한 컨셉추얼 작업에 관여하며, 연극 〈키네마와 연인〉, 영화 〈바닷마을 다이어리〉 등에 참여했다.

"하지만 시라스 마사코라면 기모노보다는 양장을 입은 모습이 그려졌어요. 지금 구상 중인 무대도 그래요. 내 안에서 그림이 떠오르는 거예요."

상대가 요구하는 것이 기모노라고 해도 '이게 낫지 않을까?' 하고 어떤 것이 떠오를 때가 있다고 한다. 나도 구인 의뢰를 받았을 때 '아직 구인하지 않는 쪽이 좋지 않을까?'라든지 '새 사람을 구하기보다 우선 사내 직원들과 대화를 나누는 게 어떨까?' 하는 생각이 떠오르는 경우가 있다.

그림이 떠오른다는 것은 어떤 뜻인가요?

"오래 산다는 것은 좋은 것 같아요. 과거의 경험이 무척 참고가 되고, 역사는 반복되니까요. 지금 시대의 공기를 마시고 있으면 그런 과거의 경험과 결부해서 '이런 식으로 바꾸면 재미있겠다'라는 게 보여요. 하지만 그림이 떠오른다고 해도 100퍼센트 제가 하고 싶은 대로는 하지 않아요. 일에는 그것을 요구하는 상대가 있으니까요. 제 감각으로 그 사람을 위해 아쉬움이 없도록 하고 싶은 거지요. 가능한 한 꼭 해내고 싶다고 말해요. 원래 크리에이티브는 시간을 파는 일이 아니지요. 일이 끝났을 때의 이미지는 야구선수가 베이스를 밟았을 때의 느낌이에요. 아슬아슬하게 밟고 그대로 다음 루로 가기 시작하는 거죠. 저도 항상 일을 하고 있지는 않지만 전체가 이어지고 있는 느낌이에요. 그것이 인생이죠."

이토 씨는 처음부터 지금의 일을 하려고 했던 것은 아니었다고 한다. 날아오는 공을 하나하나 되받아치다 보니 지금 이 자리에 있게 되었다. 지금에 이르기까지의 과정을 물었다.

"저는 어릴 때부터 뭔가 만들기를 좋아했어요. 손을 움직이고, 특히 옷감을 만지고 있으면 마음이 놓였지요."

처음에는 그래픽디자이너를 목표로 존경하는 기무라 쓰네히사 씨가 가르치는 미술학교 도안과에 다녔다고 한다. 그러던 중에 자기가 만들고 있던 옷이 이후 진로에 큰 영향을 미쳤다.

"시중에 내가 입고 싶은 옷이 없으면 직접 만들어 입었어요. 그걸 본 어느 잡지 편집장이 '어디 옷이죠?' 하고 물었고, '직접 만들었습니다'라고 답했죠. 그때부터였어요. 나는 그래픽디자인을 배우고 싶었지만 웬일인지 다들 내가 만든 옷이 멋있다고들 해서 그런 흐름 속으로 들어가고 말았어요."

이토 씨는 요구받은 것에 응답하다 보니 자신이 그리던 미래와는 다른 흐름 속으로 들어갔다고 한다. 일이 들어오면 기뻐하며 계속해나가니 옷에 머물지 않고 공간, 화장품, 점포, 영상으로 점차 분야도 넓어졌다.

"내 주위 사람들도 모두 뭔가가 되고 싶어서 된 것은 아닌 것 같아요. 어떤 뮤지션이 자기가 부르고 싶은 노래가 없어서 직접 만들어 불렀다는데, 나도 마찬가지예요. 무척 단순한 시작이었지요."

눈앞의 사람에게 계속 응답해온 결과군요?

"정말 그래요. 몸과 마음을 다해 줄곧 응답해왔다고 생각해요, 나는."

힘들었던 적은 없나요?

"산더미처럼 많지요. 처음 시작했을 때는 다 혼자 했으니까요. 드레스 한쪽에 뉴욕의 야경을 비즈로 수놓고 싶다고 생각한 적이 있었어요. 잠잘 시간이 부족하다 보니 항상 쪽잠을 잤고 너무 피곤해서 그런지 마라톤을 하는 꿈을 꾸어서 더 지친 적도 있어요. 그러다가 뛰어난 보조원이 생겨서 그녀도 함께 숙식하며 옷을 만들었는데 어느 날 제가 잠꼬대를 했나 봐요. 그것도 아주 또렷하게. 어느 날 밤 '치마 길이를 10*cm* 올려'라고 잠꼬대를 한 것 같아요. 그것을 그녀가 듣고 밤새 10*cm* 올려 꿰맸어요. 하지만 그건 꿈속의 이야기였는데 말이에요."

"24시간 내내 일을 생각하진 않지만 브뤽케에 있는 시간 동안에는 여러 방향으로 머리를 돌리고 싶어요. 지금 눈앞의 일에 대해 어떤 방법이 있을까, 어떤 방법으로 무엇을 표현할까 고민하면서 계속 갈고닦아나가고 싶어요. 회사를 위해서라기보다 그것이 나의 기쁨이고, 나 자신을 위해 그렇게 하고 싶어요. 우리 일은 좋아해서 빠져들지 않으면 절대로 해나갈 수 없거든요. 다만, 좋아하는 것만으로 안 되는 것도 있어요. 일종의 '끌어당겨 보는 힘'도 필요하다고 생각해요. 물론 처음에는 탐닉할 정도로 빠져들지 않으면 다음 행동으로 옮길 수 없지만요. 일을 할 때나 그렇지 않을 때나 자기 시간, 자기 인생이라고 생각하는 사람이면 좋겠어요."

이토 씨는, 자신을 위해서 일했다고 말했지만 줄곧 상대방에게 선물을 해온 사람이라고 느껴졌다. '정말 필요한 게 뭘까' 하고 자기 자신과 커뮤니케이션을 거듭하면서 자신에게 물어보고 아직 보이지 않는 것을 형상화해간다. 그러면 상대방의 상상을 뛰어넘은 선물을 할 수 있게 된다.

고객의 마음에 세심하게 귀 기울인다

'FESCH 1급건축사사무소' 대표인 야스이 신지 씨도 이와 비슷한 이야기를 들려주었다. 페슈(FESCH)는 신축 건축 설계와 점포 내장을 담당하는 설계사무소이다.

"고객을 위해서 하는 게 아니라 내가 고객의 입장이 되어봅니다. 고객 자신도 아직 이미지화하지 못했지만 그가 원하는 것을 해석해서 형태로 만들어내는 것, 이게 중요해요. 예컨대 고객이 '중정(中庭)을 원한다'라고 했을 때 고객이 말하는 '중정'이란 고객이 알고 있는 건축 용어 중 하나에 불과하지요. 그 말을 어떤 이미지로 사용했는지 세심하게 들어야 합니다."

야스이 신지(安井慎治)

… 고객이 되어 생각한다.

건축가. 2014년에 마쓰모토 다이스케와 도쿄, 베이징에서 FESCH를 결성했다. 관계하는 모든 사람(Family)의 생활을 풍요롭게 만드는 새로운 가치관(Evolution)을 창출하기 위해 정열(Spirit)을 화학반응(Chemistry)시켜 성실(Honesty)히 일하는 것을 모토로, 동료들과 함께 건축을 둘러싼 다양한 문제와 매일 전투 중이다.

예를 들어 고객이 '중정이 있으면 좋겠어요'라고 말한 것은 자녀들이 안전하게 놀 수 있는 공간을 원한 것일 수도 있고, 바람이 잘 통하는 집을 원해서일 수도 있다. 혹은 우연히 중정이 있는 친구 집에서 자녀방을 배치한 구조를 보고 중정을 만들면 자녀의 상태를 쉽게 확인할 수 있으리라고 생각한 것인지도 모른다. 말 속에 숨어 있는 속마음을 찾아가야 한다.

"아이가 안전하게 놀기 위한 장소를 갖고 싶은 것이라면 밖과 연결되는 넓은 거실을 만들면 어떨까요, 하고 제안할 수 있습니다."

상대방이 막연하게 생각하고 있는 것을 형상화하기 위해서는 끈기 있게 상대의 생각을 끌어내거나 상상해야 한다. 이런 방식으로 상대에게 초점을 맞춰 일하다 보면 분명 또 새로운 일이 이어져 들어온다. 자기 일이 곧 영업이기도 하다. '선물'은 '자기 일'도 된다.

일본일백화점에서도 비슷한 일이 있었다. 한 회사가 여러 차례 구인 의뢰를 해왔다. 기쁜 일이지만 좀 더 이야기를 들어보니 금세 그만두는 사람이 많다는 사실을 알게 되었다. 그렇다면 다시 사람을 구하기보다 왜 직원이 그만두게 되는지 원인을 생각해보는 것이 중요할 것 같았다.

그래서 일단 구인모집을 보류하고 사내에서 일하는 한

사람 한 사람에게 이야기를 들어보았고, 사내에서 의사소통이 잘 이뤄지지 않아 사장의 생각이 전혀 공유되지 않는다는 것을 알게 되었다. 그래서 우리가 퍼실리테이터(조력자)로서 사내에 들어가 사장과 직원들 각각의 생각을 공유하며 어떻게 할지 함께 생각해가는 시간을 가졌다.

이처럼 구인 의뢰에서 시작한 일이 다른 프로젝트로 발전하기도 한다. 구인 취재는 겉에서는 볼 수 없는 회사의 내부로 잠입하는 일과 같다. 그 과정에서 그 회사에 정말 필요한 것을 알게 되기도 한다. 우리가 알아낸 것은 취재 마지막에 간단한 감상을 덧붙이는 것으로 끝나기도 하고, 간혹 새로운 프로젝트로 발전해나가기도 한다.

선물하듯 일한다는 것

내가 일이란 선물과 비슷하다고 처음 느낀 것이 일본일백화점의 구인 취재를 위해 '그램디자인'의 아카이케 마도카 씨를 만났을 때였다. 일본일백화점을 시작하고 2년 정도 지났을 때였다. 그램디자인은 도쿄의 이케지리에 있는 웹 제작 회사이다. 이곳에서 나는 '선물하듯 일한다'의 의미를 비로소 깨닫게 되었다. 이 회사의 태도를 다른 말로 표현한다면 '세상에 대한 좋은 참견'일지도 모른다. 대표인 아카이케 씨는 이렇게 말했다.

아카이케 마도카(赤池円)

… 세상을 좋게 만드는 일을 한다.

웹 제작과 여러 가지 커뮤니케이션을 하는 '그램디자인'의 대표. 인터넷 여명기인 IT벤처를 거쳐 1998년에 독립했다. 비착취적이고, 상냥하며, 비파괴적인 사회를 지향하며 환경 · 삼림 · 지역 · 교육 분야의 정보 발신을 지원한다. '나의 숲.jp' 편집장, NPO법인 '숲 조성하기 포럼' 이사를 맡고 있다.

"일을 한다는 것이 세상을 좋게 하는 것으로 이어지면 좋겠어요. 나는 남을 위해 일하는 사람이 좋아요. IT업계는 결과주의 풍조가 강해서, 과정도 미국적이라고 하더군요. 가능한 한 자기 기술을 높여서 많이 벌었다는 성공 이미지를 지닌 사람이 많다고 생각합니다만, 우리는 그것을 지향하지 않기로 처음부터 정했어요. 결과도 중요하지만, 과정도 헛수고도 필요해요. 허락되는 한, 일은 세심하게 하고 마음껏 하고 싶어요. 이런 것에 동조할 수 없으면 그램에서 일하기가 괴로워요. 우리 일에는 여기까지면 됐다고 하는 한계가 없으니까요. 예를 들어 하나의 방법으로 과제가 해결되었다면 이상 끝, 자 다음, 하고 넘어가는 방식도 있지요. 하지만 우리는 좀 더 나아질 방법을 계속 찾아요. 자기 눈앞의 일을 열심히 계속하다 보면 어느새 많은 것을 할 수 있게 되거든요. 그것이 일로 성장해가는 방식이라고 생각해요."

요구받지 않은 일이라도 '이렇게 하고 싶다', '좀 더 해 보고 싶다' 하고 생각할 때가 있다. 요구한 상대에게는 보이지 않지만 자신에게는 보이는 것이 있을 때 그것을 보여주고 싶다는 기분이 든다. 그리고 그것을 형상화해서 보여주었을 때 상대가 기뻐해준다면 나도 무척 기쁘다.

"일에는 '일'과 '벌이'가 있다고 들었습니다. 그것이 주위 사람, 자기 자신을 포함한 사회의 이익이 되는 것이라면 어떤 것이든 굳이 시간이나 돈으로 측정할 필요는 없다고 생각해요. 지금의 사회경제 안에서는 벌이와 일을 구별하기 어렵지만, 우리는 가능한 한 모든 것을 '일'이라고 하고 싶어요. 그런 의미에서 사무실에서 채소를 기르거나 밥을 짓는 것도 포함해서 누군가를 위해서 하는 일이라면 그램에서는 '일'입니다."

하지만 세상에는 벌이가 목적일 때도 있다. 그 경우, 일의 가치 기준은 '어떻게 하면 이익을 보고 손해를 보지 않을까', '어떤 공정이 필요할까', '매출이 얼마가 되어야 손해를 보지 않을까'처럼 돈과 일을 저울질하며 진행한다.

그랩디자인 역시 손익을 계산하기도 한다. 그것도 중요한 일이지만 일을 대하는 기본자세가 다른 것 같다. 일을 숫자에 집어넣는 순간 뭔가가 변한다. 만약 모두가 숫자만 생각하게 되면 세상은 이득을 보는 사람과 손해 보는 사람으로 나뉘어버린다.

한편 사람은 시간을 들인 일을 추구한다. 어디선가 식사를 한다면 가능하면 정성스럽게 만들어진 음식을 맛있게 먹고 싶다. 그러면 그 음식을 제공한 사람들도 행복해진다. 상대방이 기뻐해주는 것을 계속해나가면 '필요한 존재'가 된다.

예를 들어 그랩디자인에서도 미리 정해진 구체적인 사양에 따라 그저 충실하게 형상화하도록 요구받을 때가 있다. 그때도 더 좋은 안이 없는지 탐구하고 요구받지 않은 것도 제안한다. 이런 것을 되풀이해나가면 의뢰받는 일이 달라진다.

처음에는 구체적인 일을 요구받지만 차츰 프로젝트가 시작되기 전부터 상담을 청하거나 제로에서부터 함께 구상하자고 의뢰받기도 한다. 그러다 의뢰하는 측과 일을 받는 측의 관계가 모호해져서 점점 같은 방향을 바라보며 함께 걸어가는 관계가 되어간다. 또 굳이 영업하지 않아도 재의뢰나 상담이 들어온다.

"회사 내에서나 밖에서나 누군가에게 도움이 되는 일이라면 주저하지 않고 제안하면 좋지요. 손해냐 이득이냐 따지지 않고 필요한 것이냐를 기준으로 생각하고 싶어요. 그램에서는 꼭 돕고 싶은 일에 대해서는 그 대가로 '쌀'을 받기도 합니다. 너무 터무니없는 경우는 불가능하지만, 물물교환도 좋아하지요. 그리고 모두들 '고맙습니다'라는 인사를 자주 해요."

이해득실의 잣대로만 따지지 않고 '선물'하듯 일한다. 그리고 감사하다는 말을 듣는다. 그 결과 전보다 더 좋은 관계로 발전하고, 서로 선물을 주고받는 관계가 될 수 있다면 행복하지 않을까?

이왕 할 바에는 높은 수준으로 한다

2013년에 '라본느누벨'의 구인 취재 당시 사장인 사사키 다카유키 씨를 인터뷰했을 때도 비슷한 것을 느꼈다.

라본느누벨은 긴자와 니혼바시 사이에 있는 조그마한 프랑스 식당으로, 도쿄역에서 가까운 교바시 골목에 있다. 설탕, 버터, 생크림 등을 쓰지 않고 주로 채소와 생선을 사용한 요리를 내놓는다. 안에는 카운터석과 테이블이 몇 개 있다. 음식은 맛있고 소화가 잘되는 느낌이었다. 하지만 그것만이 아닌 뭔가 특별함이 있는 가게이다.

취재는 아침 8시 반, 츠키지시장에 장보러 가기 위해 모였을 때부터 시작했다.

"프랑스에서 셰프가 아침마다 시장에 재료를 사러 가는 것을 보고서 나도 똑같이 하기로 마음먹었어요. 그래서 가게는 츠키지 근처가 좋다고 생각했죠."

사사키 다카유키(佐々木隆行)

… 상대가 누구든 최고를 대접한다.

고베의 의류회사에서 영업, 기획 업무를 하다 요리사로 전업해 프랑스로 유학을 떠났다. 2005년 도쿄 교바시에 '라본느누벨'을 열었다. 매일 아침 츠키지시장에서 들여온 생선과 농가에서 직송받은 신선한 채소로 건강하게 살아가기 위한 요리를 만들고 있다.

먼저 생선을 사러 돌아다녔다. 시장 안에는 도매상에서 차린 가게들과 생선가게가 많았다. 가게마다 강점과 특색이 있었는데, 예컨대 조개류를 주로 취급한다든지 참치

전문이라든지 하는 식이다. 그런 도매상들은 경매 물건을 사들여 생선가게나 초밥집 등에 납품한다. 아침 9시쯤 되면 일부 도매점에서는 일반인에게도 생선을 판매한다.

사사키 씨는 오오마 산 참치라든가 마쓰카와 가자미라든가, 특별한 생선들을 주로 골랐다. 수선스럽지 않고 도매업자들과 말을 많이 주고받지 않았지만 좋은 생선을 고르려는 진지한 태도와 도매업자들과 신뢰관계 같은 것이 전해졌다. 한 가게에 들렀을 때 주인이 내게 통통하게 살이 오른 갈치 한 마리를 보여주었다. '사는 게 어때요? 소금구이하면 맛있어요'라고 내게 말했다. 알고 보니 그 주인은 내게 최상급 갈치를 골라준 것이었다.

"갈치 등 쪽을 만져보고 가장 좋은 것을 골라준 거예요. 어차피 상대가 아마추어라 그렇게까지 할 필요는 없다고 생각하는 사람도 있겠지만 나는 상대에게 최고를 해주는 사람과 일하고 싶어요. 그것이 프로지요."

청과시장에서 채소를 고른 뒤 일단 헤어졌다가 저녁때 다시 가게를 찾았다. 영업 전에 테이블에 앉아 이야기를 듣기로 했다. 사사키 씨는 왜 이 일을 시작했을까? 그는 원래 연극을 하다가 의류업계로 갔다고 한다. 그리고 요리의 세계로.

"어느 것이나 다 같은 엔터테인먼트라고 생각해요. 연기자가 갈채를 받으면 카운터 이쪽에서 춤을 추는 셈이지요. 어떤 손님이 올지 상상하면서 츠키지에 가서 손님을 놀라게 만들 재료를 골라요. 상식적으로 생각하면 흔히 오오마 참치는 비싸서 내놓지 않지요. 그렇지만 놀라게 해주고 싶어요, 서프라이즈지요. 이왕 할 바에는 높은 수준에서 일하는 게 기분이 좋아요. 그리고 많은 선택지 중에서 우리 식당을 골라준 고객을 만족시키고 싶어요. 그것은 어떤 일이 있어도 지키려고 해요. 신념이지요. 나는 일을 즐기면서 하고 있으니까 함께 일하는 사람도 그런 생각을 갖고 있으면 좋겠어요. 물론 처음에는 주어진 일을 해야겠죠. 그렇게 노력하다 보면 하고 싶은 대로 해도 되는 일이 많아져요."

사사키 씨가 프랑스에 가서 일하기 시작했을 때의 에피소드를 들려주었다. 처음에는 칼도 잡게 해주지 않았다고 한다. 청소 정도밖에 할 수 없었기에 '청소는 전부 맡겨 달라'며 청소에 매진했다. 그러자 젊은 스태프가 청소부를 대하듯 이런저런 일을 시켰고, 사사키 씨는 오히려 더 열심히 했다. 그 모습을 셰프가 줄곧 지켜보고 있었다. 어느 날, 서열 두 번째인 그 셰프가 '내일부터 내 일을 대신 맡아서 하라'라고 말했고, 사사키 씨에게 청소를 시킨 젊은이를 심하게 혼냈다. 상대방을 만족시키고 싶다는 사사키 씨의 마음이 손님뿐 아니라 동료에게도 전해진 것이다. 이런 경험을 통해 사사키 씨는 요구받은 것 이상을 해나가면 차츰 자기가 하고 싶은 것을 할 수 있게 된다는 깨달음을 얻게 되었다.

"다음날부터 셰프 옆에서 음식 담는 것을 맡았어요. 식재료를 다듬어 준비하는 것도 내가 할 일이었지만 처음에는 어떤 재료가 어디에 있는지도 모르니까 혼도 많이 났어요."

취재가 끝난 후 카운터석에 앉아 사사키 씨가 만들어준 음식을 먹었다. 카운터 너머에서 흰색 요리사 복장을 차려입은 사사키 씨가 마법을 부리듯이 잇달아 훌륭한 요리를 내놓았다. 보기에도 아름답고 입에 넣어보니 사르르 몸에 스며드는 것 같았다. 사사키 씨의 '이왕 할 바에는 높은 수준에서 일하는 게 기분 좋다'라는 말이 떠올랐다. 상대방이 만족한다면 자기 자신도 기분 좋다는 사사키 씨는 선물을 하는 마음으로 자기 일을 하는 것인지도 모른다.

살아가듯 일하는 사람들이 일을 시작하는 방식인, '자기 일'과 '선물'. 그런데 일이 계속된다는 것은 그 두 가지가 겹치고 섞이는 것이다. 처음에는 '자기 일'로 시작했더라도 그것을 필요로 한 사람이 있기에 일이 된다. '선물'하듯 시작한 일도 자기가 그렇게 하고 싶다고 생각하지 않으면 계속되지 않는다.

3

뿌리를 내리고 줄기를 뻗다

따라 할 수 없는
구인 사이트

무서운 것도 모르고 나아가다

식물이 자라나 큰 나무로 성장해가려면 눈에 보이는 부분보다 땅속에 묻혀 있는 뿌리가 중요하다. 뿌리는 물과 양분을 빨아들이면서 나무줄기를 지탱한다. 뿌리가 단단하면 줄기는 굵어지고 가지가 뻗어 잎이 무성해진다. 다만 어느 쪽으로 뿌리가 뻗어갈지는 뻗어보지 않으면 모른다. 큰 바위가 있어 막힌다거나 하는 시행착오를 거듭하면서 땅속 깊숙이 뿌리를 뻗어간다.

그래서 일단 해보는 것이 중요하다. 갑자기 합격점을 낼 수 있는 사람은 거의 없고, 30점 정도의 시작은 흔히 있다.

시험해보았기 때문에 진짜 하고 싶은 다른 일을 발견했다는 사람도 있다. 아예 안 풀린다고 포기할 필요는 없다. 시작했다는 사실이 중요하고, 세세한 부분은 하면서 조금씩 튜닝해나가면 된다.

살아가듯 일하는 사람들은 일단 시작할 수 있었던 사람들이라고 생각한다. 어쩌면 머리가 좋은 사람일수록 불완전함이 신경이 쓰여서 스타트를 끊지 못할지도 모른다. 일단 해볼 수밖에 없다. 그러면 자신의 특기가 보이고 자신의 방식이 정해진다. 해나가는 과정에서 여러 가지 방법을 발견하기도 하고 아이디어가 떠오르기도 한다.

일본일백화점도 일단 해보자는 마음에서 시작한 것이었다. 인력 서비스 경험도 없고 글쓰기를 업으로 삼고 있었던 것도 아니었다. 취재도 처음이었고 관련 법률도 독학으로 배웠다. 하지만 무서움도 없이 일단 나아갔다.

자그마한 시장을 지향하다

조금 무모하게 시작했지만 우리가 회사를 차분히 길러

낼 수 있었던 것은 선택한 분야가 좋았기 때문이기도 하다. 인터넷 시대는 경쟁이 치열하다. 특히 인재업계는 규모도 크기 때문에 이른바 레드오션이다. 레드오션이란 시장에 참가한 경쟁자가 많고 경합이 매우 치열한 상태를 말한다. 반면, 아직 경쟁자가 많지 않은 분야를 블루오션이라고 부른다. 하지만 블루오션도 오션이라고 부를 만큼 광대한 시장이라면 거대한 자본을 지닌 경쟁자들이 나타나는 건 시간문제다. 그렇다면 어떻게 하면 좋을까?

차분히 자기의 일을 키우려면 사막 속의 오아시스처럼 자그마한 시장을 지향해야 한다. 이것을 우리는 '블루오아시스'라고 부른다. 오아시스처럼 아주 작고, 사막을 끝없이 걷지 않고는 다다를 수 없는 곳. 따라서 경합이 거의 일어나지 않기 때문에 차분히 키울 수 있다.

일본일백화점의 방식은 사람이 직접 취재하고 인터뷰해서 문장을 써가는 '장인의 기술[藝]'이 필요해서, 구조를 그대로 베낀다고 해도 따라 할 수 없는 부분이 있다. 노하우를 익히려면 시간이 걸리는 데다 매뉴얼만으로 일을 진행할 수도 없고 테크놀로지의 진화로도 따라잡을 수 없는 영역이다.

많은 사람이 우리의 방식을 보며 '따라 하려야 따라 할 수 없다'고 했다. 다른 구인 사이트를 운영하는 회사에도 우리의 팬이 있는지, 구인 의뢰가 들어왔을 때 '우리는 하기 어렵지만 일본일백화점이라면 할 수 있을지도 모른다'라며 우리를 소개해주기도 한다.

'말하는 사람', '듣는 사람', '쓰는 사람'을 오가다

우리의 취재 방법도 독특한 형태로 진화했다. 첫째로, 우리는 메모하지 않고 준비한 질문에 연연하지 않는다. 문장을 교정할 때도 이른바 빨간 펜 교정을 하지 않는다. '현재'에 집중하기 위해서다.

우리는 취재하고 있는 동안에는 일어나고 있는 것에 집중한다. 상대방이 어떻게 행동하고, 어떤 표정을 하고 있는지에 더 마음을 쓴다. 불안해 보이면 상대방의 눈을 보면서 하나하나의 말에 고개를 끄덕이고 상대의 말을 반복한다. 제대로 이야기를 듣고 있다는 것을 태도로 표현해주면 '이 사람은 제대로 들어주니 안심하고 이야기하자'라는 마음이 되어 말하는 게 즐거워진다.

안심하면 마음에 떠오른 것을 그대로 말하게 되니 간혹

문맥이 조각조각 나기도 하지만 깊은 데까지 닿을 수 있다. 즉 그 회사의 '뿌리'를 발견하고 전달할 수 있게 된다. 문맥을 정돈하는 것은 문장으로 옮길 때 해도 된다. 중요한 것은 '말하는 사람'에게 다가가 뿌리에 가까운 이야기를 끌어내는 것이다.

또 다른 특징으로, 준비한 질문과 그에 대한 답변만 듣지 않는다는 것이다. 물론 취재 상대에 대해 조사하고, 어떤 것을 질문하겠다는 기본적인 준비는 한다. 하지만 거기에 얽매이지 않는다. 우리의 취재는 '워크숍을 받는 것 같다'라는 감상을 자주 듣곤 한다. 명확한 줄거리도 목표도 미리 설정하지 않기 때문이다. 질문을 준비하더라도 거기에만 빠져 시야가 좁아지지 않도록 노력한다.

우리가 중요하게 여기는 것은 읽는 사람, 즉 이 일을 찾고 있는 사람을 상상하는 것이다. 이를 위해서 해당 업체에 들어갔으면 하는 인물을 철저하게 상상해본다. 예를 들어 그것이 다나카라는 사람이라고 가정하면 그 사람은 지금까지 어떤 경험을 해왔고, 어떤 성격이며, 어떤 것을 알고 싶은가를 생각해본다. 그리고 자신이 다나카가 되었다고 생각하고 취재한다. 그러면 '이런 것을 궁금해하지 않을까'라거나 '이런 점을 불안하게 생각할지도 모르니 조금 더 들어보자'라고 판단하게 된다. '읽는 사람'의 기분에 다가가면서 유연하게 취재를 진행해나간다.

마지막 하나가 '빨간 펜 교정'을 하지 않는다는 것이다. 빨간 펜 교정이란 문자를 첨삭하는 것으로, 보통 빨간 펜을 사용하는 경우가 많아서 빨간 펜 교정이라고 부른다. 우리는 그런 방법이 아니라 글 쓰는 사람과 또 한 사람이 함께 하나의 화면을 보고 대화하면서 확인해나간다. 이것은 하나의 화면을 보면서 두 사람의 프로그래머가 프로그래밍해나가는 페어 프로그래밍(pair programming) 방법과 비슷하다. 우리는 기사를 편집하는 것이므로 페어에디팅(pair editing)이라고 부른다.

두 사람이 한 가지 일을 하는 셈이라서 시간이 걸릴 거라고 생각할 수도 있다. 하지만 실은 이런 방식이 품질도 높고 효율도 좋다. 구체적으로는 한 사람이 쓴 문장을, 또 다른 사람과 함께 읽어나간다. 그리고 위화감이 느껴지는 대목이 있으면 그때그때 공유한다.

만약 빨간 펜 교정을 하면 위화감의 뉘앙스를 공유하는데 번거로움이 따른다. 그 위화감을 제대로 전달하려면 일단 언어화해서 문장으로 써야 한다. 하지만 그 자리에서 입 밖으로 내어 말한다면 간단하게 전달할 수 있고 상대방이 이해했는지 확인하면서 더 세세한 의견까지 공유할 수 있다. 쓰는 사람도 곧바로 의견을 말할 수 있기에 편집 의도를 공유할 수도 있다.

일본일백화점의 편집자는 이런 페어에디팅 방식으로 확인하고 확인받는 것, 두 가지를 모두 담당한다. 자신의 문장을 확인받을 뿐만 아니라 다른 사람의 문장을 확인함으로써 객관적으로 문장을 읽는 능력을 습득하게 된다. 커뮤니케이션의 질은 말 하나하나의 정확성뿐만 아니라 이렇게 주고받는 캐치볼의 횟수에도 비례해나간다. 이런 작업을 반복하면 '쓰는 사람'의 사고방식을 공유할 수 있다.

이렇게 우리는 '말하는 사람', '읽는 사람', '쓰는 사람'의 삼자를 오가며 취재하고 기사를 써나간다. 이런 방식은 여러 가지 일에 응용할 수 있을 것이다.

자, 너무 어렵게 생각하지 말자. 처음부터 합격점을 받는 사람은 없다.

일단 해본다. 현재 눈앞의 것을 마주한다. 뿌리가 무엇인지 확인하며 뻗어나간다. 모든 사람은 이런 방식으로 자신만의 방법을 찾아나간다.

일단 해본다

하나를 시도하고, 또 시도해본다

나는 예전부터 일단 해보고 나서 생각하는 방식을 무의식적으로 해왔던 것 같다. 해보지 않으면 모르고, 하기 전부터 정답을 알 수 있는 경우는 좀처럼 없다. 대개 일단 시작해보고 계속 시도해서 조정하고 정답에 다가가게 된다.

그것을 처음 자각한 것은 '닛코커피'의 대표 가자마 교지 씨를 만났을 때였다. 가자마 씨는 가누마에서 닛코까지 이어지는 레이헤이시 가도 변에 몇 개의 카페를 운영하고 있다. 2012년에 일본일백화점의 구인 취재를 위해 그를 처음 만났다.

아사쿠사역에서 도부선 특급 열차를 타고 한 시간 반 정도 가서 신가누마역에 내렸다. 주변에 높은 건물은 거의 없고 작은 교차로가 하나 보였다. 가자마 씨가 자동차로 마중 나와 있었다.

가자마 교지(風間教司)

… 지금 있는 곳에서 시작해 점점 넓혀나간다.

1975년 도치기현 가누마시 출생. 1999년 가누마시의 자택을 직접 리모델링해 카페 '교차안'을 열었다. 2006년부터 창업지원 챌린지숍 사업 '네코야도장터'를 개최했고, 이후 원래 러브호텔과 상가 등의 폐건물을 리노베이션해 '닛코커피'를 열었다. 커피 제조, 카페 · 게스트하우스 컨설팅 및 기업가 육성사업 등 폭넓게 활동 중이다.

가자마 씨가 가장 먼저 오픈한 '교차안(饗茶庵)'은 신가누마역에서 15분 정도 걸어가면 있다. 원래는 자기 집을 고쳐 카페로 만든 것으로, 주변은 일반 주택가였다. 그런데 좁은 골목 안에 있는 가게는 손님들로 떠들썩하고 주차장에는 다른 지역 번호판을 단 차도 서 있었다.

이 카페가 들어서고 나서 일대가 많이 바뀌었다고 한다. 근처에 가게를 열고 싶다며 빈 물건이 나오기를 기다리는 사람들도 많다고 한다. 가자마 씨가 자신이 살던 집을 카페로 바꾸었을 뿐인데 지역 전체가 변했다. 대단한 영향력이다. 이런 가자마 씨도 시작은 실패부터였다고 한다.

"도쿄에 있는 대학에 가면 도쿄에서 취직해 세련된 생활을 할 수 있을 거라고 생각하고 있었어요. 그런데 막상 졸업하고 보니 현실은 그렇지 못했죠. 하는 수 없이 지방에 있는 회사에 들어갔어요."

그런데 가자마 씨가 취직한 지방 소재의 회사도 상상한 것과는 달랐다고 한다. 반년 만에 회사를 그만두었고 그다음은 전혀 생각지 않은 채였다. 그저 '뭐라도 해야 할 텐데' 하고 생각하던 중에 바텐더 아르바이트 모집 벽보가 눈에 띄었고, 면접을 보러 가서 그 자리에서 채용되었다. 당시 가게가 공사 중이었기에 가자마 씨는 일단 내장공사를 돕는 일부터 시작했다고 한다.

"우연히 바 개업 업무부터 경험할 수 있었지요. 그때 '가게란 이런 식으로 만들면 되는구나' 하고 얼추 배웠어요."

가자마 씨는 바텐더로 일하면서 그 거리에 재미있는 사람이 많이 있다는 것을 알게 되었다고 한다. 지방은 시시한 곳이라고 마음대로 생각하고 있었지만 막상 일하면서 보니 그 거리에서 뭔가 시작하고 싶어졌고, 그때 문득 떠오른 것이 카페였다. 가자마 씨는 학생 시절에 세계 각지를 여행했다. 낯선 마을을 방문하면 가장 먼저 카페에 들러 정보를 수집했던 기억이 되살아났다. 게다가 카페라면 자신이 아르바이트했던 바와 손님을 서로 빼앗지 않아도 된다. 바 내장공사 경험을 살려서 자신이 살고 있는 집을 고쳐서 카페를 시작하기로 했다.

"조금씩 손님이 늘어나서 자리가 부족해지면 그동안 저축했던 돈으로 자재를 사서 또 다음 방을 고치는 식이었죠. 자꾸, 계속 고쳐나갔죠. 거의 경험이 없는 상태에서 시작해 버렸어요. 가게를 열고 나서도 경영이 어떤 건지 장부 정리를 어떻게 하는 건지 전혀 몰랐지만, 손님 중에 경영자인 사람이 있어서 배웠어요. 공사에서 내가 못하는 부분은 목수에게 부탁했지만 목수에게 배워 직접 할 수 있는 부분을 늘려나갔어요. 그런 식으로 모두에게 여러 가지를 배웠어요. 나는 원래 재미있느냐 재미없느냐에 따라 움직이는 사람이라서 일단 움직이고 벽에 부딪히면 그때부터 어떻게 해결할까 생각하는 식이죠. 마지못해서 하다가 실패하기보다는 재미있는 일을 하다가 실패하는 것이 훨씬 편하고 오래 계속할 수 있으니까요."

"카운터를 없앤 적도 있어요. 처음에는 카운터석을 만

들었지만 가게를 해나가면서 내가 카운터에 서는 것은 너무 이르다는 생각이 들었어요. 카운터석를 두기에는 내 나이가 너무 젊었죠. 게다가 카운터에 앉는 손님 외에 눈길이 닿지 않는다면 의미가 없다고 생각했어요. 일단 시도해본다는 자세는 지금도 변함없어요. 해보고 좋으면 계속하고 실패하면 다시 생각한다, 이런 식으로 반복했지요. 시도하지 않으면 모르니까. 도전을 계속했더니 단면이 점점 넓어졌어요. 지금까지는 내 손이 닿는 범위 내에서 카페에 전념했지만, 최근에는 그것을 넘어서 마을 만들기에도 관심을 두고 있어요."

정해지지 않아도 먼저 행동한다

먼저 행동하고, 그 반응을 보고 다시 행동한다.

요즘은 인터넷을 활용해 '일단 시작해보는 것'이 쉬워졌다. 대표적인 인물이 'nD inc.'의 대표 나카하라 히로노리 씨이다. 그는 인터넷을 잘 다루며, 놀듯이 여러 가지 사업을 시도하는 사람이다.

나카하라 씨는 대학에서 디자인을 배운 후 취업 활동에

나서지 않고 프리랜서 디자이너가 되었다. 가장 인상적인 일은 '기프티(giftee)'의 출범일 것이다. 기프티는 온라인상에서 간편하게 선물을 보낼 수 있는 서비스이다. 이메일이나 SNS 등으로 URL을 보내면, 상대방이 커피쿠폰 등을 받을 수 있는 방식이다. 나카하라 씨로부터 기프티를 출범했을 때의 이야기를 들었다.

나카하라 히로노리(中原寬法)

… 일단 시작하면 어떻게든 된다.

오카야마현 이바라시 출생. (주)nD 대표, (주)Alternative Startup 대표, (주)모시카 대표, (주)giftee공동 창업자. 대학원을 수료한 다음 날부터 프리랜서 기획자로 일하며 소셜 기프트 giftee, Google 선거 캠페인, 웹매거진 greenz.jp, 지역×크라우드펀딩 FAAVO, '정장 흰 T' 등의 프로젝트를 작업했다.

"처음에는 회식 자리에서 직원 중 한 사람이 인터넷을 활용해 작은 선물을 전달할 수 있도록 만들면 어떨까 하는 이야기를 꺼냈어요. 가능할지 어떨지 모르지만 그런 게 있다면 재미있을 것 같았죠. 그렇게 놀이 차원에서 시작한 게 많아요. 내가 취업 활동을 하지 않은 것도 내 주위에 연극이나 음악을 하는 사람이 아주 많지만 그들이 딱히 취직하지 않고도 살아간다는 사실을 알고 있었기 때문이에요. 밥을 굶는 경우도 없고 생활이 불가능한 사람도 없었어요. 일단 시작하면 어떻게든 된다는 사례를 많이 봐왔거든요. 일이 없으면 아르바이트를 하면 되는 거고요."

취직하지 않고 살아가는 사람들이 있다. 그런 사람이 가까이에 있다면 '나도 괜찮겠지' 하고 생각할 수 있다. 나카하라 씨도 별다른 취업 활동을 하지 않았고 문득 정신을 차려보니 지금의 일을 하고 있더라고 했다. 물론 독립해서 곧바로 일이 있었던 것은 아니고, 당시는 지금처럼 일에 관한 지식이나 경험이 있었던 것도 아니다.

"대학을 졸업하고 나서 엄청 한가했어요. 시간이 너무 많다 보니 다른 사람들이 만든 디자인을 베껴보거나 여러 사이트의 코드를 내내 읽어보기도 했어요."

참고서를 사서 읽는 느낌이었겠네요.

"그래요. 나는 어느 쪽이냐면 입문서를 사서 처음부터 차례대로 배우기보다 가장 마지막 장을 따라서 일단 시도하고 모르는 것을 거슬러 올라가는 게 편해요."

그럼, 참고서를 사전처럼 필요할 때만 보는 방식이네요. 하나하나 쌓아 올린다기보다 일단 해보고 모르는 것을 찾아보는 방식.

"맞아요, 정말 그런 느낌이에요. 먼저 해보고 버그가 나면, '아, 뭔가 잘못되었구나' 하면서 또 시도해보고. 시도와 실패를 계속했어요. 스물여덟 살 무렵, 뭔가 일로만 만들게 되면 하기 싫어질 것 같다는 생각이 들어서 하고 싶은 일을 계속했죠. 돈이 벌릴 것 같아서 웹 관련 일을 시작한 것도 아니고, 일이 없어서 소거법으로 웹을 선택한 것도 아니에요. 그래서 만들고 있는 것에 대해 즐겁다고 표현할 수 없게 되면 아마 '끝'일 테지요. 먹고 자는 것을 잊어버릴 정도로 즐거운 것을 제대로 만들고 싶다고 생각했어요. 우리 회사는 기업 홈페이지 제작 의뢰가 거의 들어오지 않아요. 일 년에 한 번 정도 문의가 있을까? 있다고 해도 기존 일로 상담한다거나 기획을 맡다가 들어오는 게 대부분이지요."

정해진 일을 의뢰받는 것보다 정해지지 않은 일을 하는 경우가 많다는 거군요. 의뢰받은 대로만 하는 게 아니라, 상대가 말한 내용을 형상화해서 보여주면 '아, 이 사람이 내 아이디어를 키워줄 것 같다' 라고 생각하게 되는 것이고요.

"듣고 보니 그러네요. 그래서 불필요한 일도 아주 많이 생겨요. 그래도 괜찮아요. 우리 직원에게도 '어쨌든 너무 쓸데없다고 생각하지 말라'라고 말해요. 일단 만들어보라고 하지요. 건물을 자꾸 새로 짓는 일이라면 환경 문제가 발생하겠지만 웹에서라면 지구 환경에 대한 부담은 한없이 작으니까요."

일단 해본다. 운동도 비슷한 점이 있을지 모른다. 아무리 책으로 기술을 습득하려고 해도 한계가 있다. 그보다 몇 번이고 날아온 공을 되받아치는 연습을 하는 게 더 효과적이다. 그렇게 하다 보면 점차 능숙해진다. 다만 운동과 다르게 일은 실천의 장에서 연습할 기회가 좀처럼 없다. 회사에서는 상사가 많이 있으니 10년 정도 줄곧 공 줍기만 해야 하거나 타석에 설 기회가 거의 오지 않기도 한다. 누구나 처음에는 스스로 타석에 설 기회를 만들어가면서 경험하고 성장할 수밖에 없다. 만약 회사를 경영하고 있다면 젊은 인재에게 기회를 만들어주는 것도 중요하다. 기회가 있는 곳에서 새로운 것이 생겨난다.

해보면 좋기에 모두가 나서는 곳

이 책에서 여러 차례 소개한 도쿠시마의 가미야마는 '일단 해보기'에 좋은 장소이다. 이곳의 분위기를 상징하는 말은 '하면 되잖아'이다. 실제로 내가 취재할 때 이 말을 여러 번 들었다. 가미야마에서는 말뿐만 아니라 실제적인 지원도 해준다. 예를 들어 새로운 것에 도전하려고 하면 필요한 물품을 빌려주거나 도와준다.

가미야마에서 'NPO그린밸리'를 운영하는 오미나미 신야 씨에게 이곳에서는 어떻게 모두 적극적으로 행동하고 여러 활동이 이루어지게 되었는지 들어보았다.

오미나미 신야(大南信也)

… 유연하게, 창의적으로!

1953년 도쿠시마현 가미야마 출생. NPO법인 그린밸리 대표. 미국 스탠퍼드대학원에서 공부하고 일본으로 돌아와 '주민이 주도하는 마을 조성'을 실천하고 있다. 일본 최초의 도로 청소 활동인 '어댑트프로그램'과 '가미야마 아티스트 인 레지던스' 등 예술 프로젝트를 선보였고, 이주 · 기업 지원과 위성 사무실 유치도 추진하고 있다. 과소화를 '창의적'으로 해결하는 것을 모토로 삼는다.

"다들 앞서 고생하는 거예요. 일어날 수 있는 일을 이미 일어난 기분으로 예측하고, 그래서 스스로 자신을 괴롭히죠. 공부도 열심히 하고, 책도 부지런히 읽고, 다른 사람들의 이야기를 듣고, 머릿속에 그려보면서 문제를 해결하려고 하는 거예요. 하지만 인간이 예측할 수 있는 수준이 그렇게 높지는 않죠. 그래서 큰 한 걸음을 내딛지는 못하더라도 작은 한 걸음만 시작하는 것도 좋다고 생각해요. 그렇게 하면 서서히 보이기 시작하죠. 다음은 반복운동이고. 그러면 점점 더 잘 보여요."

그런 작은 한 걸음을 가미야마에서는 왜 내딛기 쉬울까요? 보통 처음 한 걸음이 가장 어렵잖아요.

"최근에 비슷한 질문을 들었는데 '그린밸리는 벤처니까'라고 대답했어요. 이곳에서는 점차 행동하는 인간의 장(場)이 형성되고 있다고 생각해요. 게다가 사람이 적으니까 그런 사람들과 만나기 쉬워요. 도쿄라면 1,000만 분의 1이 여기서는 1,000분의 1정도로 확률이 높아요. 그건 작은 곳이라서 좋은 점이죠. 단점은 모두가 느끼는 바이고요. 하지만 보통 사람은 이면을 잘 보지 않으니까 여러 가지 요소가 잠들어 있지만 발굴되지 않은 셈이죠. 그리고 뭔가 하고 싶은 것이 있어도 우리는 부정하지 않고 '하면 되잖아' 하고 말해요. 젊은 사람은 처음부터 너무 크게 나가요. 갑자기 사회를 바꾸자는 식으로 시작하니까 무엇이 문제인지 파악하지 못한 채 마음만 겉돌다가 끝날 때가 많아요. 그보다는 눈앞에 있는 문제를 해결함으로써 그것이 퍼지고 결국 사회가 바뀌는 거예요. 각자 가장 작은 모델을 지니고 있어야 한다고 생각해요."

오미나미 씨는 어떻게 이런 태도를 갖게 되었을까? 그는 중학생 때 이야기를 해주었다.

"지도를 좋아했어요. 다른 나라나 마을을 상상하기를 좋아했죠. 그리고 실험이 좋았어요. 중학생 때는 과학부 활동을 했어요."

운동했을 것 같은 인상이 있는데요?

"아니에요. 전국에서 과학부 활동으로 유명한 중학교에 다녔어요. 오래전부터 훌륭한 선생님들이 계셨고, 우리 선생님도 그런 분이었고요. 우리의 연구 주제는 파리라는 이름의 담수어의 부침(浮沈)에 관한 것이었어요. 날마다 방과 후에 낚시하러 가서 물고기를 잡아오고 수위를 변화시켜 가며 부레의 용적을 측정해서 데이터를 수집했어요. 지금 생각해보니 이게 이후의 삶에 상당한 도움이 되었어요. 시도하고 도출된 것을 분석하기, 분석하면서 결과를 검토하기. 이런 방식으로 보는 것이 무척 도움이 되었어요. 스스로 말하기는 뭣하지만, 그때 사물을 분석하는 능력이 생겼다고 생각해요."

이 경험은 오미나미 씨가 스탠포드대학원에 진학했을 때도 도움이 되었다고 한다. 그대로 유학 시절 이야기로 이어졌다.

"재미있었지만 공부는 역시 힘들더군요. 일본의 대학원은 수업이 적고 연구 중심이지만 그곳은 연구 외에 수업과 과제도 많아요. 게다가 모두 대부분 1년 만에 석사를 따요. 1학년 때에는 건설재료학 수업을 들었어요. 칭찬은 별로 못 받았는데 딱 한 번 주임교수에게 칭찬을 들었던 말이 '자네 실험은 매우 체계적이네'였어요. 사실 내게는 평범한 수준이었지만요. 예를 들어 시멘트는 보통 맹물로 섞지만 소금물을 쓰면 어떤 콘크리트가 형성되는지 알아보는 실험을 할 때, 비율을 일정하게 바꿔가며 단계적으로 실험하는 거예요. 그러면 칭찬받죠. 역시 일본인이 잘하는 부분이라고 할까? 계통을 세워 하나하나 고찰해나가는 방식. 저는 예측능력이 그다지 뛰어나지 않아서 스스로 하나씩 확인해가는 방식이 더 쉽게 이해돼요."

"대학원 때의 일 중에 기억에 가장 남은 게 현장 견학 수업이었어요. 학생 전체가 교수와 함께 차를 타고 댐 공사현장에 가서 프로젝트 매니저로부터 설명을 들었어요. 그때 재미있는 이야기를 들었어요. 댐의 배기(排氣) 문제로 골머리를 앓던 중에 우연히 유치원 아이들이 소풍을 왔대요. 한 남자아이가 바로 위에 터널을 뚫으면 어떻게 되느냐는 질문을 했고 결과적으로 그 질문이 문제해결의 실마리가 되었다는 거예요. 그때, 어떤 변화를 일으키는 말을, 누가 꺼낼지는 아무도 모른다고 생각했어요."

사람은 경험을 많이 할수록 아무래도 '이렇게 해야 한다'라고 단정하는 경향이 강해진다. 게다가 자기보다 경험이 없는 사람의 의견을 들으려고 하지 않게 된다.

"가미야마에서도 마찬가지예요. 예를 들어 중산간 농업은 어렵다는 고정관념이 있어요. 그런데 이주해온 사람들은 그런 생각을 안 하니까 아까 그 유치원 아이처럼, 주민들은 할 수 없는 특별한 발상을 하기도 하지요."

오미나미 씨는 유학 후 귀국해서 10년 정도는 이렇다 할 일을 하지 않고 '시골 마을에서 어떻게 사물이 움직여나가는가'를 가만히 관찰했다고 한다. 그러고 나서 주민이 주도하는 마을 조성 사업을 조금씩 시도하기 시작했다. 1999년에 아티스트 인 레지던스 사업을 출범하자 2002년 무렵부터 이주자가 늘어났다. 2008년에는 니시무라 요시아키 씨와 톰 빈센트 씨 같은 사람들이 찾아오고 '인 가미야마'라는 사이트가 생겨나 기업가와 IT 벤처기업들까지 연결되었다. 그 과정에서 생겨난 것이 비스트로나 피자점 같은 음식점과 숙박시설이었다. 그곳에서 일하는 사람들은 손님들에게 유기농 채소를 제공하고 싶어 했다. 농업에 대한 고정관념이 뒤집혀갔다.

"그때까지 계속 열심히 농사를 지어도 좀처럼 보답을 받지 못했어요. 유기농 채소를 생산해도 농산물로 출하하면 1,000엔의 단가가 2,000엔이 되는 정도였지요. 그런데 그것에 서비스가 더해지면 2만 엔, 3만 엔이 되지요. 그리고 그 서비스는 전부 도쿄에서 행해지고 있고요."

"이탈리아의 모델을 벤치마킹할 필요가 있어요. 피렌체에 가면 비스테까 알라 피오렌티나라고 하는, 맛있는 티본스테이크가 있는데 이것은 꼭 먹어야 해요. 나도 꼭 먹으러 가고 싶어요. 일본에서는 최고급 고베소고기를 도쿄에서도 먹을 수 있어요. 그런데 이탈리아에서는 이 티본스테이크를 토스카나 지방에 가야만 먹을 수 있어요. 그 지역 바깥으로 내놓질 않는 거예요. 지역 내에 완결되는 순환을 만들어야 하는데 일본에서는 최고급 제품을 전부 도쿄에 보낸다는 생각밖에 없어요. 도쿄 레스토랑에 좋은 고기를 납품한다, 츠키지에서 거래한다는 식의 생각밖에 없으니까 계속 종속돼 도급 상태가 되는 거죠. 예를 들어 거래처에서 '지금까지는 도쿠시마 채소를 받았지만 구마모토에 좋은 산지가 생겼으니 구입처를 옮기겠다'고 하면 경영이 위태로워져요. 하청이라 어쩔 수 없어요."

맞는 말이다. 그 지역에서 직접 서비스하는 산업이 생기면 고용이 늘어나고, 조직과 지역 전반에도 변화가 생긴다.

"우리는 어떤 것이든 시작해보려는 사람이 있으면 가능한 한 자유롭게 시작할 수 있도록 지원해요. 그렇게 해서 우리도 뭔가 새로운 것을 하고 싶은 거지요. 틀을 만들면 그 틀 크기만 한 것밖에 못 만들지요. 그 이상의 것을 만들어내려면 틀을 치워버리는 수밖에 없다고 생각해요. 일본에서는 기술 혁신이 일어나기 어려워요. 틀이 있는 사회이기 때문이에요. '이래야 한다'는 것을 미리 정해놓기 때문에 그 틀 안에서 아무리 유연하게 생각하라고 말해도 절대로 새로운 것이 생겨날 수 없는 거죠."

통쾌하게, 돈을 벌고 싶다

나가시마 아키오(長島明夫)
… 세간의 인식을 배신한다.

1979년 가나가와현 출생. 편집자. 대학에서 건축을 전공하고 출판사 엑스널리지의 편집자를 거쳐 2009년부터 프리랜서로 일한다. 개인 잡지 『건축과 일상』을 창간했다.

일백화점에서 만든 〈일사람문고〉도 일단 해보자고 생각한 것 중 하나이다. 휴일에 다이칸야마에 있는 츠타야 서점을 둘러보고 있을 때의 일이다. 건축 코너를 찾으니 평대에 『건축과 일상』이라는 책이 놓여 있었다. 책을 집어 들어 대충 읽어보니 나와 같은 대학 세미나의 1년 선배로 편집일을 하는 나가시마 아키오 씨의 개인잡지였다. 그런데 뒤표지를 읽다가 놀라고 말았다. 거기에는 다음과 같이 씌어 있었다.

"개인 잡지라고 하면 대개 채산성을 도외시한 취미 활동처럼 여기지만, 본지 『건축과 일상』은 이 같은 세간의 인식을 배신하고 통쾌하게 돈을 벌고 싶다."

통쾌하게 돈 벌기? 무슨 뜻일까? 가격을 보니 정가가 1,200엔이었다. 흥미롭게도 발행 부수 2,000부, 인쇄·제본비 26만 3,400엔이라는 것도 밝히고 있었다. 이 세 가지 숫자를 보며 여러 가지를 생각했다.

예를 들어 출판사에서 책을 출판하는 경우, 저자가 받는 인세는 7~10퍼센트라고 한다. 게다가 1만 부가 팔리면 큰 성공으로 간주한다고 한다. 만약 출판사가 1,000엔의 책을 출판해서 1만 부가 팔렸다면 저자에게 얼마의 수익이 들어올까? 인세가 7퍼센트면 70만 엔, 10퍼센트면 100만 엔이다. 제법 많은 돈이라고 생각하지만, 이것만으로 생활해나간다면 어쩐지 불안하다.

혹은 자비출판이라는 방법도 있지만, 이 경우에는 처음에 목돈이 든다. 반응이 좋다고 해도 취미 활동의 연장밖에 되지 않는다. 하지만 '통쾌하게 돈을 벌고 싶다'라고 밝힌 나가시마의 방식이라면 어떨까? 발행 부수는 2,000부, 전부 정가 1,200엔에 팔렸다면 매출액은 240만 엔에 이른다. 거기서 인쇄 제본비를 빼도 수익은 거칠게 잡아서 200만 엔이 넘는다.

나는 곧바로 나가시마 선배의 방식을 따라 해보자고 마음먹었다. 지인인 후지와라 아키쓰구가 나가노 현 마쓰모토에 있는 '후지와라 인쇄소'라는 인쇄회사에서 일하고 있는 것을 떠올렸다. 일단 상담해보려고 연락했다. 이야기를 나눠보니 가능할 것 같아서 해보기로 했다. 이렇게 해서

〈일사람문고〉가 태어났고 지금까지 3권이 출판되었다.

막상 독립출판을 해보니 주로 네 가지 장벽이 있다는 것을 알게 되었다. 바꿔 말하면, 이 네 가지 장벽만 넘을 수 있으면 누구나 출판을 할 수 있을 것이다. 그것은 자금 마련, 편집 · 디자인, 재고의 보관·관리, 그리고 유통이다. 이에 대해 자세히 알고 싶다면 꼭 〈일사람문고〉를 읽어보기 바란다. 아니면 일단 해보고 나서 스스로 느껴보는 것도 좋을지 모른다.

눈앞에 있는 사람과 마주하다

내가 독립한 지 얼마 되지 않았을 때 신세를 지고 있는 대선배에게 '마이클 포터의 『경쟁의 전략』은 읽어두라'라는 조언을 듣고 책을 샀다. 이 책을 읽고 공부가 된 한편으로 '원래 경쟁하지 않는 전략이란 없을까' 궁금했다. 내 성격상 경쟁상대에게 집중하는 것보다는 나 자신이나 눈앞의 사람에게 다가가서 교감하고 싶었다. 그러려면 사람들이 별로 관심을 가지지 않는 영역에 접근해보는 게 좋을 것 같았다. 큰 비즈니스는 되지 못하겠지만 천천히 키워갈 수 있을 것이라고 생각했다.

또 천천히 키워서 얻은 것은 그 구조와 제품을 간단히 복제할 수 없고 테크놀로지에 의해 대체하기도 어렵다. 그것은 '사람'을 중심에 두는 일일 것이다.

계속 사용할 수 있는 제품을 상상하다

도쿄 구라마에에 있는 '가키모리'는 바로 그런 가게이다(손으로 쓰는 고급 문구류를 취급하는 가게_역자). 이곳은 '쓰기'와 관련한 도구를 취급하는데, 일반적인 문구점과 다른 점은 기성 제품만 취급하는 게 아니라는 것이다. 예를 들어 자신이 원하는 표지와 본문 종이를 고르고, 자물쇠까지 직접 선택해서 주문형 노트를 만들 수 있다. 또 여러 종류의 잉크를 골라 섞어서 좋아하는 색의 잉크를 만들 수도 있다. 이 가게를 방문하면 해외에서 방문한 사람들도 많다. 주말에는 가게 앞에 손님들이 줄을 서기도 했다. 가키모리는 어떻게 이렇게 많은 사람을 끌어당기기게 된 걸까? 대표인 히로세 다쿠마 씨는 다음과 같이 말한다.

히로세 다쿠마(広瀬琢磨)

… 사라지지 않을 가치에 주목한다.

1980년생. 문구점 (주)호타카 대표. 할아버지가 군마현에서 문구점을 해오다 2006년 도쿄에 지점을 연 것을 계기로 가업을 잇고 있다. 법인 대상 사무용품 판매점에서 개인 대상 문구 소매점으로 전환해 2010년에 '쓰는 것' 관련 제품을 전문으로 취급하는 문구점 '가키모리'를, 2014년에 만년필 잉크를 주문 생산하는 '잉크스탠드'를 열었다.

"잠깐 쓰고 마는 것이 아니라, 계속 사용할 수 있느냐가 중요하다고 생각합니다. 그러려면 고객이 계속 사용하는 모습을 상상할 필요가 있어요."

상품을 만들어 판매한다고 끝이 아니라, 그 이후도 자기 일처럼 생각할 수 있어야 한다는 것이다. 다쿠마 씨는 어떻게 이런 생각을 갖게 되었을까?

"내가 어렸을 때는 마침 대량 소비시대여서 집안에 제조사의 이름도 알 수 없는 수많은 물건들이 넘쳐났어요. 그래서 뭐든 쉽게 싫증이 났고 솔직히 문구에는 관심이 없었지요."

히로세 집안은 군마에서 할아버지 때부터 문구점을 운영해왔다고 한다. 다쿠마 씨의 형이 회사를 이어받은 것을 계기로 다쿠마 씨도 도쿄에 세운 자회사를 맡게 되었다. 당시는 통신판매 사이트를 이용하는 게 주류를 이루던 시절이었다.

"인터넷으로 할 수 없는 일을 시도해보려고 2010년에 대면형 소매점인 '가키모리'를 열었어요. 그렇다고 마니아를 위한 전문점이 되고 싶었던 건 아니에요. 그저 고객의 입장에서 봤을 때 이런 가게라면 재미있지 않을까 하는 관점에서 생각했지요. IT 기술의 발달로 종이나 펜은 이미 컴퓨터나 복사기로 대체되었어요. 그래서 사람이 손으로 쓰는 행위가 더 가치가 있게 평가받기도 하지요. 예를 들어 메일로 고백을 받는 것과 직접 쓴 편지로 고백을 받는 것의 차이는 이미 명백하지요. 많은 것들이 디지털화되면서 사람만이 할 수 있는 일들이 앞으로 더욱 중요해질 거라고 봅니다."

가키모리는 쓰는 사람이 무엇을 원하는지에 집중한다. 가키모리의 만년필과 편지지는 편지를 쓴 사람과 받은 사람의 마음을 이어주는 역할을 한다. 결국 어떤 테크놀로지가 발달하든 그 중심에 있는 것은 '사람'이다. 그 사람들이 어떤 마음을 갖고 있느냐가 중요하다.

기술이 아무리 발달해도 인간에게 중요한 가치는 언제까지나 변하지 않는다. '쓴다'는 행위도 마찬가지다. 현대 문명은 손쉽게 메시지를 전달할 수 있는 환경을 만들었다. 그럴수록 우리는 손으로 무언가를 쓸 때 도구나 종이만큼

은 더 신중하게 선택하고 싶어 한다. 내 마음을 담을 수 있고 전할 수 있는지 세심하게 고려해서 구매한다. 그래서 동네 문구점은 사라져갈지도 모르지만 카키모리는 언제까지나 남을 것 같다.

카키모리가 있는 구라마에 부근에는 비슷한 지향점을 지닌 가게가 많다. 일본일백화점에 구인 기사를 실은 가게만 해도 애쉬콘셉트에 슈로(SyuRo), 단델리온 초콜릿 재팬(Dandelion Chocolate Japan), 그리고 나오트 도쿄(NAOT TOKYO)가 있다. 기무라유리점도 부지런히 걸으면 걸어서 갈 수 있는 거리에 있고, 좀 더 가면 도쿄바이크(tokyobike)나 하기소(HAGISO)도 있다. 우리가 운영하는 리틀도쿄를 포함해서 도쿄의 동쪽은 어슬렁어슬렁 걷기에 무척 즐거운 지역이 되어가고 있다.

눈높이를 맞추다

구라마에 북쪽, 조리도구 전문점이 즐비한 갓파바시 도구거리에 위치한 '가마아사 상점'은 꾸밈새부터 다른 가게와는 차이가 있다. 하얀 새시에 커다란 검은색 포렴, 그리

구마자와 다이스케(熊沢大介)

… 감식안과 편집능력을 단련한다.

1974년 도쿄 아사쿠사 출생. 가마아사 상점 4대째 점주. 앤티크점 '팡타그뤼엘'(도쿄 에비스), 가구 카페 '오가닉 디자인'(도쿄 나카메구로)을 거쳐 가마아사 상점에서 가업을 잇고 있다. 창업 103년째인 2011년에 점포를 리브랜딩했다. 좋은 이치가 담겨 있는 도구=양리도구(良理道具)를 많은 사람에게 전하고자 한다.

고 가게 앞에 놓아둔 큰 솥이 눈길을 끈다. 안으로 들어서니 상품들을 높이 쌓아올린 가게들이 늘어서 있는 가운데 가마아사 상점의 아주 깨끗하고 보기 좋게 배치한 진열대가 눈에 띄었다. 해외 관광객도 꽤 많았다. 4대째 점주인 구마자와 다이스케 씨가 우리를 맞아주었다.

"'아사쿠사(浅草)'에 있는 '솥 전문점(釜店)'이라는 뜻에서 가마아사(釜浅)상점이라고 지었지요. 창업한 이래로 내내 이곳에서 요리도구점을 운영하고 있어요. 우리는 늘 재미있는 일을 하고 있다고 생각해요. 가게를 3대째 운영한 아버지는 기성 제품을 파는 것뿐만 아니라 다른 가게에서 거절한 까다로운 주문도, '재미있으니 해보자!' 하며 받곤 했어요. 나는 이전에는 나카메구로에 있는 인테리어숍에서 일하고 있었고요. 줄곧 아버지가 즐겁게 일하는 모습을 봐왔고, 당시 TV프로그램인 〈요리의 철인〉의 인기도 한몫해서 이 일을 맡게 되었어요. 우리는 여러 가능성을 가진 가게라고 생각했지요."

서른 살에 가게를 물려받았을 때는 불안하기도 했을 것 같은데요?

"예전에는 음식점을 열 때 모든 조리도구를 갓파바시에서 마련한다는 인식이 있었지만, 홈센터(인테리어 제품 등 주로 주거시설 관련 제품을 판매하는 소매점_역자)나 인터넷 쇼핑이 늘어나면서 점점 손님이 줄어들었어요."

원래 갓파바시는 전문 요리사가 조리도구를 갖추기 위해 찾는 도매점 거리였다. 그러나 거품 경기가 붕괴된 이후 식당 경기가 회복하지 못하는 상황에서 손님들의 발길도 뜸해졌다. 한편으로 일반 손님은 증가하기 시작했다.

"도쿄 스카이트리가 완성되고, 언론매체에서도 갓파바시를 다루게 되었지요. 하지만 일반인에게는 여전히 선뜻 들어가기 어려운 곳이었어요. 기본적으로는 프로를 대상으로 했으니까. 그렇다면 우리는 일반인도 좋아할 만한 가게를 만들어야겠다고 생각했어요."

가마아사는 2011년에 가게 로고와 디자인 등을 바꾸며 브랜드 쇄신을 단행한다. 가게 선반을 바꿔 손님이 손에 잡기 쉬운 눈높이에 물건을 진열했다. 통로도 여유 있게 넓히고 상품 진열방식도 여러 모로 궁리했다. 가게 로고뿐 아니라 명함 디자인도 새롭게 단장했다. 그때 만든 말이 '양리도구(良理道具)'이다. 좋은 도구에는 좋은 이치가 있다는 뜻이다.

"도구는 한 개로 몇 가지 구실을 할 수 있는 재주는 없지만, 각각의 특성에 맞게 사용하면 그것을 능가할 다른 물건이 없지요. 오랜 세월 동안 계속 만들어온 물건에는 형태나 소재 하나하나에 모두 각각의 이유가 있어요."

예를 들어 부엌칼의 날은 섬유질을 쉽게 자를 수 있도록 곡선을 그리면서 끝으로 갈수록 예리하고 뾰족한 모양이다. 이것도 오랜 시간에 걸쳐서 현재의 형태가 되었다.

"가격은 비쌀지 모르지만 좋은 물건을 구해 손질하면서 자기만의 도구로 길들여가는 것이 중요하다고 생각해요. 이런 뜻을 전해나가는 가게였으면 좋겠어요. 그래서 우리는 편리한 주방 도구는 취급하지 않아요. 그렇다고 수작업 제품만 좋다고도 생각하지 않아요. 기계로 만든 것이라도 거기에 그럴 만한 이유가 있다면 판매하고 싶어요. 왜냐면 요리도구도 결국 사용하기 위한 것이니까요."

취재하면서 가장 인상적이었던 것은 가마아사를 찾는 손님들에 관한 이야기였다. 70년 전에 산 주방용 칼을 수리하려고 갖고 오는 사람이 있는가 하면, 장인조차 한 번도 만든 적이 없을 것 같은 특별한 물건을 주문하는 사람도 있다고 한다. 분명 가마아사 상점이라면 어떻게든 해결해줄 것이라고 생각해서 찾아오지 않았을까? 그런 기대에 부응하기 위해 구마자와 씨는 1년에 세 번 정도 산지의 장인을 찾아간다고 한다. 그렇게 하면 어떻게 도구가 만들어지는지 손님에게 설명할 수도 있고 특별한 주문을 받았을 때는 장인에게 상담할 수도 있다고 한다.

기계가 대체할 수 없는 사람의 감식안과 편집능력은 앞으로 더욱 중요해질 것 같다. 그런 능력이 있다면 자기 일을 차분히 키워나가는 데 큰 도움이 될 것이다. 결국 그 중심에도 '사람'이 있다고 생각한다.

지금,
여기서 살아가다

불안을 행동으로 이겨내다

2014년 7월, 아직 장마가 끝나기 전인데도 날씨가 맑아 한여름처럼 더운 날이었다. 번화한 가나자와역에서 호쿠리쿠 본선을 타고 한 정거장 간 뒤, 호쿠리쿠 철도로 갈아탔다. 구인 취재를 하러 가는 도중 왠지 조금 불안한 기분이 들었다. 목적지는 '킹스톤그릴'이라는 카페였다(지금은 '판타블루'라는 이름으로 바뀌었다).

나는 막연히 불안한 마음이 들 때면 왜 그런 기분이 드는지 구체적으로 원인을 밝히려고 노력한다. 예를 들어 아침에 일어났을 때 기분이 좋지 않으면 왜 그런지 생각해본다.

그러면 '아, 아직 끝내야 할 일이 남아 있지'라든가 '사과해야 할 일이 있었지' 같은 이유를 찾아낼 수 있다. 그렇게 하는 것만으로도 조금 안정되고, 어떻게 하면 그 불안을 해소할 수 있을지 냉정하게 생각해보게 된다. 어디서부터 손을 쓸지 순서까지 상상할 수 있다면 이미 꽤 기분이 좋아지고 '자, 시작하자'라는 적극적인 자세가 된다. 불안을 막연하게 내버려둔 채로는 결코 기분이 좋아지지 않는다.

전철 홈에서 멍하니 기다리고 있으니 주황색 전차가 들어왔다. 나는 내가 불안해하는 이유를 알고 있었다. 이번 구인 모집에 일본일백화점이 도움이 될지 어떨지 확신이 서지 않았기 때문이었다. 우리 구인 사이트는 이른바 영업을 하지 않는다. 입소문을 듣고 찾아오거나 이미 구인에 성공한 사람에게 소개받아서 의뢰하는 일이 많다. 의뢰를 받더라도 모두 구인 취재를 하지도 않는다. 먼저 우리가 도움이 될 수 있을지 어떨지 솔직히 이야기한다. 그리고 기사를 게재할지 여부를 확인한 뒤 취재를 진행한다. 물론 채용에 성공하기 어려울지도 모른다고 말했는데 성공하는 사례도 있고, 결과적으로 잘된 일도 많다.

학교가 많은 것일까, 아니면 통학시간대와 겹쳐서일까?

젊은 사람이 많이 탄 전차가 천천히 거리를 나아간다. 차창 밖으로 점점 논이 보이고 작은 산도 눈앞으로 다가왔다.

우리가 카페의 구인 취재를 하는 일은 자주 있다. 특징이 있는 곳이라면 우리의 기사가 꽤 도움이 된다. 그런데 킹스톤그릴에 대해서는 아직 명확한 특징을 파악하지 못한 상태였다. 가나자와역에서 떨어져 있고 구인 기사를 올려도 지원자가 나타날지 확신이 서지 않았다. 이런 불안을 사장에게 솔직히 전했고, 그래도 우리 사이트에 게재하고 싶다는 답변을 들었다.

종점인 시지마역에서 내렸다. 내리는 사람은 나뿐이었고, 역도 무인역이었다. 역시 불안했다. 하지만 일단 가봐야 알 수 있다. 논과 주택이 펼쳐진 길을 걸어가자 금세 카페가 눈에 들어왔다. 가게 앞에 모자를 쓴 반소매와 반바지 차림의 젊은 남자가 서 있었다. 킹스톤그릴을 운영하는 '오마메샤'의 대표인 규키 마사히코 씨였다. 규키 씨는 좋은 의미에서 느슨한 사람이다. 이 가게에서 일하는 사람들도 일하고 있다는 의식은 갖고 있겠지만 긴장감 같은 것은 전혀 느껴지지 않았다. 가게 안

규키 마사히코(久木誠彦)

… 인연과 타이밍에 따라 움직인다.

이시카와현 가나자와시 출생. 2004년에 가나자와 시내에 음식점을 개업, 2014년에 카페 '험&고'를 개업, 현재 이시카와현에 네 개의 가게를 운영 중이다. '오마메샤'로서 점포 기획, 업무 위탁, 브랜딩 디자인을 주관한다.

에 들어가 이야기를 듣기로 했다.

"새로 들어온 사람은 먼저 현장에서 일하게 해요. 어느 정도 기술을 습득하면 다음 단계로 올려 보내지요. 그것이 무엇이 될지는 몰라도."

무엇이 될지 모른다?

"예를 들어 저쪽에서 일하고 있는 직원은 예전에 의류사업을 했으니까 그 경험을 살려서 새로운 의류가게를 차릴 수도 있지요."

그렇군요. 그렇다면 함께 일하는 직원이나 회사의 타이밍에 맞춰 다음에 해나갈 것을 정하고 있나요?

"그렇지요. 이곳은 처음에 우리 부부만 일했는데, 젊은 여성 직원이 들어왔어요. 그녀는 제과 학교에 다니고 있어서 가게에서 과자를 만들고 싶다고 했지요. 하지만 당시 우리 가게는 과자 만드는 일의 비중이 낮았어요. 2년 정도 지나자 그 직원이 '과자 만드는 일을 좀 더 본격적으로 하기 위해 다른 가게로 옮기고 싶다'고 하는 거예요. 하지만 거기서도 생각했던 것보다 과자를 만들 수 없었다고 해요."

시간이 조금 지나서 규키 씨 카페에서 과자점을 새롭게 시작하게 되어 그녀에게 다시 함께 일하는 것이 어떠냐고 제안했다고 한다. 그러자 기꺼이 승낙했고 가게 일부를 고쳐서 머핀가게를 열게 됐다고 한다. 직원과 카페의 타이밍이 맞았던 것이다.

"그 다음에는, 친구가 잡화점에서 점장을 하고 있었는데, 몇 차례 우리 가게를 도와주러 왔기에 '잡화점을 하고 싶어?' 하고 물었어요. 그래서 잡화점을 만들게 되었어요. 나는 아무것도 못해요. 뭐, 요리는 조금 할 줄 알지만 전문적이지 않아요. 학교에서 배우지도 않았고……."

처음부터 아무것도 정해놓지 않고 유연하게 행동하는 규키 씨. 사장의 생각이 자유롭기에 일터에도 이렇게 편안한 분위기가 흐르는지 모른다. 처음에 생각했던 것과 달리 인터뷰를 진행할수록 뭔가 특별한 매력이 느껴졌다. 그런데 규키 씨는 왜 이렇게 유연할까? 내 질문에 그는 이런 에피소드를 들려주었다.

"초·중·고등학교를 다니며 축구를 했어요. 제법 진지하게 해서 칭찬도 많이 받았어요. 프로가 되고 싶었고 이루어질 거라고 생각했죠. 나보다 뛰어난 녀석들이 있다는 건 알고 있었지만 굳이 의식하지 않으려고 했었어요."

규키 씨는 고등학교 진학 때는 축구가 강한 학교를 응시했다고 한다. 학력은 아슬아슬하지만, 축구 실력이 좋아서 합격할 것이라고 판단한 것이다.

"하지만 입시에 떨어졌어요. 그래서 좀 비뚤어졌지요. 음악 밴드를 하기도 했고요."

그 후 대학 준비도 포기하고, 이벤트 회사에 입사했다고 한다.

"사람들도 다들 좋고 월급도 많이 받았어요. 하지만 문득 '이대로 이런 생활이 되풀이하게 건가' 하는 생각이 들었어요. 물론 그런 삶도 멋지지만, 내게는 맞지 않는 것 같았어요."

하나의 목표가 이루어져도 그것에 만족하지 못하는 경

우가 있다. 그럴 때는 눈앞에 있는 하나하나와 마주해보는 것도 좋은 방법이다. 상황은 늘 변화해간다. 이벤트 회사의 선배에게 고민을 상담하려고 따라간 음식점에서, 규키 씨의 인생이 크게 바뀌었다.

"충격이었지요. 너무나 멋진 가게였어요. 선배도 '그 정도로 고민하고 있다면 해보는 게 좋다'라고 말해주어 그대로 거기서 일하게 되었지요. 내가 어릴 때 부모님이 초밥집을 하느라 챙겨주질 못했기에 식당만은 하지 말아야겠다고 생각하고 있어지만요."

그리고 규키 씨는 스물셋이라는 젊은 나이에 독립한다. 그때 그가 만난 가게가 바로 이곳이었다.

"이 건물이 매물로 나와 있었는데 '이런 곳에서 누가 장사할까?' 싶은 곳이었어요. 하지만 내 아내가 이 지역 출신이에요. 결정해버리라고 하더군요. 가나자와역 부근은 여기보다 한가롭지 않아서 싫다고. 또 가격이 200만 엔밖에 안 되어서 일단 해보게 되었어요. 원래 음식점이었던 건물을 사서 150만 엔을 들여 고쳤어요. 하지만 장사는 전혀 안 되었지요. 부부 둘이서 근근이 먹고 살아갈 수 있는 정도였어요. 처음에는 자메이카 음식점이었어요. 그때 아르바이트 직원이 '여자들은 자메이카 요리보다 채소를 더 먹고 싶어 해요'라고 말한 게 뇌리에 남아서, 지금 같은 스타일이 되었어요. 당시는 채소나 유기농 재료를 주력으로 삼는 가게가 없어서 채소 위주로 바꾸니까 지역 잡지에 실리더니 바로 손님들이 줄을 서더라고요."

그렇게 무계획으로 행동했으니 실패도 많았겠네요.

"실패라면 잔뜩 있지요. 예를 들어 냉동 자메이카 저크 치킨을 만들어 인터넷에서 팔았는데 주문이 한 달에 한 건밖에 안 들어왔어요. 이런 사소한 실패는 얼마든지 있어요. 가게 문을 닫을 지경에 이른 일은 없었지만."

케이크를 만들고 싶어 하는 스태프가 있으면 케이크 가게를 열고, 잡화점을 운영하고 싶은 사람이 있으면 잡화점을 시작한다. **미래는 정해져 있지 않다. 인연과 타이밍으로 점점 형태가 만들어진다. 과거에 휘둘리지도 않는다. 실패하면 다시 궤도를 수정하면 된다. 눈앞의 일에 확실하게 관여하고 있다면, 생각은 형태가 되어 스스로 가고 싶은 쪽에**

가까워진다. 그런 감각이 있기에 여기서 일하는 사람들은 생동하는지도 모른다.

이 취재도 그랬지만 세상에는 해봐야 알 수 있는 일이 많다. 불안한 마음이 드는 건 어쩔 수 없다. 과거나 미래를 너무 깊이 생각하지 않고 눈앞의 일에 집중하는 것이 더 중요하다.

자기 발밑에 보물이 있다

마쓰바 도미(松場登美)
… 나의 가치관을 실현하는 공간을 만들다.

1949년 미에현 쓰시 출생. 1998년에 (주)이와미은광 생활문화연구소를 설립. 일본 전통 소재의 의류브랜드 '군겐도', 13년에 걸쳐 무가(武家)의 저택을 복원한 숙박시설 '타향 아베케' 등을 운영 중이다.

이와 비슷한 경험은 '군겐도'의 마쓰바 도미 씨와의 인터뷰에서도 나온다.

군겐도는 일본의 전통 소재를 활용한 의류브랜드로, 도미 씨가 대표를 맡은 '이와미은광생활문화연구소'라는 회사가 운영하고 있다. 본사는 시마네현 오타시 오모리초, 세계 유산인 '이와미 은광(石見銀山)'이 있는 곳이다.

도미 씨는 30년 정도 전에 남편 다이키치 씨의 고향인 이곳에 옮겨와서 먼저 기모노 가게 한쪽에서 천 소품을 만들기 시작했다. 지금은 '도미', '네네', '군겐도 래버러토리(Gungendo Laboratory)' 등의 브랜드가 생겨났고 스킨케어 용품과 발효식품을 개발하며 음식점도 운영하고 있다. 더 나아가 현지의 오래된 민가를 매입해 복원하면서 꾸준히 가게를 늘려갔다. 그것은 십여 년에 걸쳐 복원해서 숙소로 꾸민 것이 '타향 아베케(타향 아베 가(家)라는 뜻_역자)'이다. 도미 씨의 거처이기도 한 이곳은 이와미 은광에서 바로 옆에 있다.

사실 이곳의 취재는 두 번에 걸쳐 이루어졌다. 이미 다른 스태프가 군겐도를 취재한 적이 있는데, 그때의 글을 읽고 다음번에는 꼭 내가 취재하고 싶다고 생각했다.

하네다 공항에서 비행기를 타고 한 시간 반 정도 날아 시마네현에 도착했다. 공항에서 작은 렌터카를 빌려 해안을 따라 달렸다. 자동차는 곧 해안도로를 벗어나 마을 숲을 빠져나와 이와미 은광에 도착했다. 산과 산 사이에 호젓이 자리한 인구 400명 남짓한 작은 마을이 나타났다.

도미 씨에게는 저녁에 차분히 이야기를 듣기로 하고, 먼저 묵을 방을 안내받았다. 안으로 들어가니 좋은 향기가 났다. 예부터 이 지역에서 마셔온 차풀차가 놓여 있었다. 이불은 기분 좋게 부풀어 있었다. 고타츠에 앉으면서 방에 놓인 가구와 장식 하나하나에 감탄했다. 처음 온 곳인데도 왠지 딱 알맞은 온도의 욕조에 몸을 담그고 있는 듯한 기분이 들었다.

잠시 기다리자 도미 씨가 왔다. 방을 나와 안내받은 곳은 가마솥이 있는 주방으로 이 집의 중심이었다. 오래 써서 길들여진 도구들이 즐비하고 벌써 저녁 준비가 한창이었다. 한쪽에서는 가마솥에 불을 지피고 있고, '탁탁' 하고 칼 소리도 들려왔다.

"여기는 나의 이상적인 생활 터전이에요. 그 이상적인 삶을 세상에 묻고 싶은 기분으로 여기를 숙소로 삼았습니다. 이곳으로 옮긴 지 벌써 30년이 되었는데 남편이 최근에 가업, 생업, 본업이라는 이야기를 하기 시작했어요. 시댁도 원래 섬유 관련 일을 했으니 업태는 바뀌었어도 섬유 관련 일로 가업을 이어온 셈이지요. 먹고살기 위해 일을 했으니 생업이고요. 남편은 예순을 눈앞에 두고 본업을, 즉 자신이 본래 해야 할 진짜 일이 보이기 시작했다고 해요. 그건 저도 마찬가지예요. 남편은 민가 재생에 열중해왔어요. 나는 단지 건물을 재생하기만 하는 게 아니라 생활도 재생하지 않으면 의미가 없다고 생각해요. 그리고 이제야 겨우 제 인생을 걸고 해야 할 것을 찾았지요. 제 인생도 그랬지만 안 된다고 낙인이 찍혀도 언젠가 싹이 트고 성장할 수 있다고 생각해요. 이 집도 모두 부숴야 한다고 말할 정도로 너덜너덜한 집이었지요. 처음에는 중환자를 간호하는 기분으로 고치기 시작했지만 조금 지나니 뒤바뀌었어요. 지금은 이 집이 있기에 얼마나 용기를 얻고 꿈을 그릴 수 있는지 몰라요."

타향 아베케는 30년간 빈집이었다고 한다. 천장은 떨어지고 흰개미가 가득했다. 먼저 불필요한 것을 정리하고, 집의 기울기를 고치기 위해 기와를 내리고 일부 벽도 부쉈다. 새로 짓는 것 이상의 노력을 기울였다. 또 가능한 한 이 지방의 물품이나 폐자재를 활용해 고쳐나갔다. 그렇게 탈바꿈한 공간은 어린아이도 어른도 받아들이는 그리운 듯, 모던한 공간이 되었다.

"방에 남편이 준 족자가 있는데, 심상사성(心想事成)이라고 씌어 있어요. 마음에 생각하는 것이 이루어진다는 뜻이지요. 흔히 돈이 없다거나 재능이 없어서 못한다고 말하지만 역시 '생각하는 마음'이 가장 중요한 에너지인 것 같아요. 누구나 어떤 마음가짐으로 거기에 관여하느냐에 따라 그 장소의 파워를 엄청 끌어낼 수 있어요. 그리고 저는 항상 발밑의 보물을 활용해서 생활을 즐기려고 해요. 멀리 가지 않아도 바로 발밑에 보물이 가득하거든요."

다른 먼 곳도 아니고 미래도 아닌, 지금 내 발밑에 있는 것. 도미 씨는 가까이에 있는 것들을 소중히 여겨왔다. 새롭게 만드는 것도 아니고, 그렇다고 옛날로 돌아가는 방식도 아니다. 지금, 이곳에 있는 것을 재생시켜 살려나간다.

예를 들어 군겐도 본점에 있는 커다란 등나무도 처음에는 작은 분재였다고 한다. 어떤 사람이 꽃이 피지 않아서 버리려는 것을 얻어왔다. 정성껏 돌봤더니 점점 자라서 꽃을 피우기 시작했다. 더 이상 가망없다는 말을 들은 매화도 지금은 매년 활짝 꽃을 피운다. 타향 아베케의 군겐도 본점에는 근처에서 따온 꽃들이 무심히 꽂혀 있다. 족자는 쓰레기통에 버려져 있던 매출 장부의 찢어진 것을 표구한 것이다. 오래된 것인데도 현대 예술처럼 보인다.

오래된 어떤 것을 살려내거나 남기는 일은 이제까지 흘러온 시간과 이어지는 것이다. 군겐도는 새것으로 바꿔서 시간을 단절하는 방식이 아니라 오래된 물건과 집을 현대에 살려내 재생시켜가는 방식으로 유지된다.

"요즘 사회는 불필요한 것을 대량으로 만들어 대량으로 싸게 팔며 그것을 소비하도록 부추기고 있어요. 디자이너로 일하는 제 친구도, 디자이너란 본디 사람을 행복하게 하는 직업이었는데 이제는 경제를 가속시키는 직업으로 변해버렸다고 한탄해요."

돈을 들이지 않고 새로운 것을 갖추지 않아도 풍요로운 생활을 할 수 있다. 그렇게 재생시킨 것은 물건이나 집뿐만이 아니다. 이곳을 찾은 사람들도 저마다 끊긴 마음을 다시 이어붙여가고 있다.

그날은 여기까지 이야기를 나눴다. 잠시 방에서 쉬었다가 주방에서 저녁 식사를 했는데, 식탁 위에 각양각색의 음식이 잇달아 차려졌다. 모두 재료의 맛이 살아 있었다. 그보다 더 좋았던 것이 테이블을 둘러싼 대화. 이곳에서는 대화가 가장 맛있는 음식이다. 마지막으로 장작을 피워 가마솥에 지은 밥에 달걀을 얹어 먹었다. 즐거운 대화가 끝나고 목욕을 했다. 안에는 김이 가득 차 있어 환상적인 분위기가 되었다. 흔들리는 촛불을 바라보면서 도미 씨의 일상에 감동했다. 방으로 돌아가니 이불 속에는 탕파(찜질팩처럼 뜨거운 물을 넣어서 몸을 덥히는 데 쓰는 물통_역자)가 들어 있었다. 스위치를 끄자마자 잠들어버렸다.

다음 날 아침 일어나서 창고를 복원한 방에서 아침밥을 먹으며 도미 씨와 다시 이야기를 나눴다. 대화는 여러 가지로 뻗어나갔지만 뿌리는 하나라고 느껴졌다.

"중요한 건 휴먼 스케일이라고 생각해요. 이 근처의 길은 자동차 시대 이전에 만들어져서 도로 폭이 좁아요. 그래서 지날 때면 꼭 서로 인사하고 아이들도 인사해요. 거기에 사람의 삶이 있다는 거지요. 그래서 저는 여기 머무는 손님들도 생활하듯 머물러주었으면 합니다."

일이든 생활이든 모든 것이 이어져 있다는 말이 인상적이네요. 이곳에서는 온 · 오프가 없는 것 같아요.

"글쎄요. 저는 항상 그런 식으로 일해 와서 힘들지 않아요. 일과 사적인 것, 즐기는 것과 일하는 것이 구별이 없지요. 그래서 일 년 내내 일하고 있는 거예요. 하지만 일 년 내내 놀고 있는지도 몰라요. 그런 감각인 거예요."

일이라기보다 그것도 포함한 '사는 방식'이겠네요?

"맞아요. 저는 좋아하는 곳에서 좋아하는 일로 먹고살 수 있다면 더 행복한 일은 없을 거라고 생각해요. 그래서 다른 사람이 기뻐해준다면 그 또한 기쁜 일이지요."

군겐도에서는 'We are here!(우리 여기 있어요!)'라는 말을 중시한다. 그것은 이와미 은광만을 가리키는 건 아니며, 각각이 각각의 장소에 있다는 의미라고 한다. 예를 들어 도쿄 다카오의 가게에서는 근처에 도쿄 봉안당이 있어서 꽃도 판매하고, 근처에 슈퍼마켓이 없기에 두부나 달걀, 낫토 등도 팔고 있다. 그렇게 그 장소에서 할 수 있는 것을 하고 있으면 손님들이 기뻐하고 다시 찾아준다. 그러면 물건을 파는 사람들도 기쁘다. 지금 자신이 서 있는 발밑에 보물이 있다.

4

가지가 뻗어나 잎이 무성해지다

'일 바(bar)'의 시작

좋은 사무실이었지만 더 좋은 곳을 찾아 나서다

뿌리가 내려 줄기가 굵어지고 가지가 뻗어 오른다. 종류가 같은 수목이라도 수형이 완전히 같은 나무는 없다. 100개의 나무가 있으면 성장해나가는 형태는 100가지가 있다.

우리의 첫 사무실은 도쿄 가미야초에 있었다. 2007년 연말, 선배의 사무실에 세를 얻어 들어가 시작했다. 2008년 여름에 일백화점을 출범하고, 2010년부터는 미나미아오야마에 있는 공유오피스로 옮겼다. 일이 확대됨에 따라 우리만의 사무실을 갖고 싶다고 생각하기 시작한 것이 2011

년 여름 무렵이다. 다만 평범한 사무실을 얻고 싶지는 않았다. 폐쇄적인 장소가 아니라 누구나 부담 없이 들를 수 있는 장소를 원했다.

당시 IT 기술이 급격히 성장함에 따라 기술과 거대 자본을 가진 곳이 점점 우위를 차지할 것이라고 예감했다. 그들과 경쟁하지 않고, 의존하지 않고, 공존할 수 있는 비즈니스를 만들고 싶었다. 쉽게 접근할 수 있는 인터넷 비즈니스의 특성은 계속 살리면서 차분히 일에 집중할 수 있는 업무 환경을 만들고 싶었다.

우리는 인터넷 사이트에 구인 기사를 올리되 각각의 기사는 해당 업체를 직접 방문해 장인처럼 취재하고 편집해서 완성한다. 인터넷 매체의 특성을 살리면서 다른 사람들이 쉽게 따라 할 수 없는 일을 만들어왔고, 자신이 있었다. 이런 방식으로 또 다른 어떤 일을 할 수 있을 것 같았다. 그 일을 찾는 것은 인터넷 안에서가 아니라 사람과 사람이 관여하는 현실 세계에 있다고 생각했다.

2011년 연말, 마음속에 두었던 사무실을 빌렸다. 오모테산도역에서 걸어서 7분 정도 거리에 있는 곳으로, '도쿄R부동산'을 통해 찾아냈다. 이 물건은 맨션 같은 곳으로, 건물 공동 입구인 현관도 있지만, 그것과는 별개로 차양이 있는 출입 가능한 낮은 베란다가 붙어 있어 공용 복도를 거치지 않고 도로에서 사무실로 직접 드나들 수도 있었다. 그 낮은 베란다에서 식물을 기른다거나 날씨가 좋은 날에는 야외에서 일하는 것도 가능한 구조였다. 무엇보다 사무실 문을 통하지 않고 낮은 베란다를 통해 부담 없이 놀러올 수 있지 않을까 상상했다.

실제로 사무실 오프닝 날에는 여러 사람이 낮은 베란다를 통해 들어왔다. 그다음에도 근처를 지나가다 들렀다며 낮은베란다로 들어서는 지인들이 많았고, 우리도 기꺼이 일손을 멈추고 안으로 들여 대화를 나누었다. 일백화점의 독자가 갑자기 방문한 적도 있다. 만약 우리 사무실이 부담 없이 들어올 수 있는 구조가 아니었다면 이런 만남도 생겨나지 않았을 것이다.

재개발지역에 이상적인 사무실을 만들다

그 무렵 'greenz.jp'라는 사이트를 운영하는 지인과 더 열린 사무실을 만들고 싶다는 이야기를 나누었다. 그러다 의견이 맞아 함께해보자고, 뜻을 모으게 되었다.

그들은 '원하는 미래는, 만들자'를 표어로 사회 활동을 하는 NPO단체이다. 그들과 처음 연결된 것은 독립하고 얼마 되지 않아서 이케지리오하시의 IID(세타가야 제작학교)가 매주 개최한 오픈 런치에서 당시 편집장이던 가네마쓰 요시히로 씨(현재는 교토세이카대학 특임강사)와 만났을 때였다.

당시 모리빌딩에서 일했던 구로다 데쓰지 씨에게 '뭔가 재미있는 일을 할 수 있는 곳이 없을까요?' 하고 상담했다. 구로다 씨는 건축가 출신으로 어느 파티에서 만난 것을 계기로 친하게 지내고 있다. 그는 도라노몬 재개발지역을 제안했다. 당시 그 부근은 재개발을 앞두고 있어서 입주자가 퇴거한 빌딩이 많아 낮에도 사람의 왕래가 뜸한 편이었다. 구로다 씨와 도라노몬 거리를 걷던 중 예전에 초밥집이었던 오래된 민가가 눈에 띄었다. 옆에 빈터가 있는 것도 마음에 들었고, 그 옆의 좁고 기다란 빌딩도 눈에 들어왔다. 구로다 씨에게 '이거, 모두 빌릴 수 있을까요?' 하고 물었다.

그 빌딩은 모리빌딩이 소유하고 있었는데, 결국 우리는 재개발할 때까지 아주 좋은 조건에 그곳을 빌리게 되었다. 모리빌딩 측에서는 앞으로 변모해나갈 지역에 새로운 사람을 불러들이는 기회를 얻는 것이기도 했다. 서로의 이해가 일치해서 '리틀도쿄'라는 곳을 만들게 되었다.

2013년 6월, 미나미아오야마를 벗어나 도라노몬으로 이사했다. 뒤쪽에 있는 아타고 신사에 지진제(地鎮祭_건축물을 짓기 전에 지신에게 공사의 안전을 기원하는 제사_역자)를 의뢰하고 내가 직접 리노베이션 공사를 했다. 물론 돈이 없었던 것이 가장 큰 이유이다. 벽을 발로 차 부수고, 폐기물을 버리고, 오랫동안 쌓였던 먼지를 털어냈다. 어려운 공사는 일본일백화점에 처음 게재 의뢰를 요청했던 '루비스'에 부탁했다. 마스킹을 하고 천장과 벽도 도장했다. 공터에는 데크를 설치하고 바퀴가 달린 이동형 오두막을 만들었다. 많은 사람이 셀프 리노베이션에 관여했다. 그 연결고리는 점점 확대되어 지금도 이어지고 있다.

중심이 된 곳은 원래 초밥집이었던 건물이다. 1층 카운터석을 이벤트 공간으로 만들고 주방은 바 카운터로 꾸몄다. 2층의 방은 그대로 살려 워크숍 등을 개최할 수 있도록 했다. 3층은 사무실이 되었다. 공터의 이동형 오두막은 출판업계에 일하면서 언젠가 자신의 프로젝트를 만들고 싶어 하는 마쓰이 유스케와 함께 '고야BOOKS'라는 서점으로 꾸몄다. 데크 공간은 고층빌딩을 올려보면서 바비큐를 즐기거나 채소를 재배하는 장소가 되었다.

말과 문자로 전하지 못하는 무언가를 공유하는 곳

처음에는 바에 손님이 거의 없었다. 바텐더인 히로는 느긋하고 좋은 녀석으로 그의 주위에는 단골손님이 모여 있었지만, 그들만으로는 아직 적었다. 그래서 바를 활용해 다른 무언가를 할 수 없을까 고심했다.

일본일백화점은 원래 '이 세상에는 여러 가지 사는 방식과 일하는 방식이 있다'라는 것을 전하고 싶어 시작했다. 다만 업체를 취재해서 글로 옮기고 나면 느낀 점이 전부 전달되지 못하는 게 아닌가 생각한 적이 있다. 상대가 말한 것을 문자로 옮기기 전에는 분명 있었던 것 말이다.

상대의 말투와 행동, 다양한 의미를 담고 있는 표현과 맥락. 우리는 가능한 한 그 에센스를 글에 남기려고 했고, 독자들의 이야기를 들어보면 그런 의도가 전해지고 있기는 한 것 같기는 했다. 하지만 뭔가가 빠져 있었다. 하얀 김이 피어오르는 커피잔을 사진으로 찍으면 향기나 온도를 전달하기는 어렵다. 그렇다면 진짜 커피를 마실 수 있게 하면 어떨까? 일자리를 찾은 사람들을 취재에 동행하는 것은 현실적이지 않기에 여러 가지 사는 방식과 일하는 방식을 실천하고 있는 사람을 게스트로 불러 직접 만날 기회를 만드는 방법을 생각해냈다.

다만 토크쇼 같은 형식은 좋지 않을 것 같았다. 토크쇼는 자연스럽게 대화하는 것과 달라서 말을 잘하는 사람일수록 연기를 하게 되기도 한다. 가능한 한 평소와 가까운 환경을 만들고 싶었다. 게스트의 이야기를 일방적으로 듣기보다 함께 대화하는 장을 만들 수 있다면 어떨까? 대화할 수 있는 공간으로 자연스럽게 떠오른 것이 바 카운터였다. 바의 카운터 자리는 처음 만난 사람끼리도 대화가 시작되기 쉬운 곳이다. 적당한 알코올이 기분도 풀어준다.

'일 바'의 확대

이런 아이디어가 번뜩 떠오르자 바로 '일 바(bar)'를 시작하기로 했다. 게스트를 둘러싸고 술을 마시면서 대화를 나누는 자리. 예약할 필요도 없고 부담 없이 훌쩍 들러서 술 한 잔만 주문하면 된다. 문턱이 높지 않고 부담이 없을수록 좋을 것이다. 그렇지 않아도 바는 문턱이 높으니까.

2014년 2월 18일, 나 자신이 게스트가 되어 손님들과 함께 술을 마시며 대화를 나누는 것부터 시작했다. 처음에는 손님이 지금보다 훨씬 적었다. 그러나 시작하자 금세 소문이 나 많은 사람이 찾아오기 시작했다. 일 바이므로 일에 관한 이야기는 물론이고 세상사부터 연애담까지(연애와 일 이야기는 겹칠 때가 많다) 화제가 다양했다. 밤이 깊어가면 시시한 이야기도 나누고 때론 격론이 벌어지기도 했다.

많을 때는 100명이 넘는 사람이 모이지만 10명 정도 이야기하는 시간도 좋다. 토크쇼처럼 게스트가 단상에 있으면 구름 위의 존재처럼 느껴진다. 하지만 마주앉아 대화하고 있으면 한층 가깝게 느껴진다. 게스트의 진정성이 잘 전달되고, 이야기를 듣는 사람들은 자신도 뭔가 할 수 있지 않을까 하는 마음이 생긴다.

소문이 나자 손님이 또 새로운 손님을 데리고 와주었다. 자신도 게스트가 되고 싶다며 지원하는 사람도 있었고, 리틀 도쿄에서 뭔가 해보고 싶다는 사람도 나타났다. "우리 지역에서도 '일 바'를 해보고 싶다"고 상담하는 사람도 있었다.

이제까지의 일은 모두 일 바를 시작한 지 반년 안에 일어난 일이다. 그 후에도 일 문제로 고민하던 사람이 독립해서 게스트로 돌아오기도 했고, 일 바가 누군가에게 새로운 일을 시작하는 계기가 된 적도 일일이 셀 수 없다.

작게 시작한 일에서 여러 가지 인연이 생겨난 것 같다. 문득 생각이 떠올라 만든 바 카운터. 손님이 적어서 궁리하다 문득 떠오른 생각에 시작한 일 바. 거기에 다양한 사람이 관여함으로써 내 상상을 뛰어넘어 수많은 인연이 퍼져나갔다.

아쉽게도 재개발이 시작되어 2015년 9월 25일에 리틀도쿄를 폐점했다. 2년 정도 지난 후 찾아갔더니 완전히 빈터가 되어 있었다. 하지만 그때의 일원들이 모이면 언제든지 그 시절을 떠올릴 수 있다. 재개발의 틈새에서 시작한 리틀도쿄는 새로운 집주인과 인연을 맺어, 도쿄시 고토구 키요스미시라카와로 옮겼다. 일 바도 새로운 장소에서 계속되고 있다.

얼굴이 보이다

누구나 이야기를 주고받는 게스트하우스

나도 모르게 찾아가게 되는 장소가 있다. 단골들이 늘 모여 있는 바. 왠지 옆 사람과 자연스럽게 대화가 시작되는 선술집. 오랜만에 찾아도 따스하게 맞아주는 숙소. 그중 하나가 오키나와 나하에 있는 '겟코소(月光莊)'라는 게스트하우스이다.

내가 처음 겟코소를 찾아간 것은 2011년 여름이다. 마침 공유오피스를 나와 나만의 사무실을 마련하려고 할 때였다. 근처에 출장 간 김에 하루 더 머물기로 하고 트위터를 통해 숙소를 추천받았다. 많은 이들이 겟코소를 추천했다. 전화를 거니 곧바로 한 여성이 전화를 받았다. 나는 수많은 손님 중 한 사람이었겠지만, 짧은 통화 속에서 온전히 그 사람과 대화를 한다는 느낌을 받았다. 예를 들어 접객할 때만 목소리 톤이 변하는 사람도 있다. 거기에 그 사람이 있지만 없는 것 같은 느낌. 그런데 이 여성은 왠지 늘 이런 목소리를 내고 있을 것 같은 자연스럽고 편안한 느낌이었다.

다행히 빈방이 있어 그길로 겟코소를 찾아갔다. 국제거리에서 조금 들어간 곳에서 간판을 발견하고 따라 가자 오래된 민가가 눈앞에 나타났다. 2층 창문에는 울긋불긋한 천이 걸려 있고 건물 안으로 들어서니 시원한 바람이 먼저 맞아주었다. 땀이 배어 있던 상태에서 바람을 맞으니 상쾌하고 편안해졌다.

접수처 같은 장소에서 기다리는데 그 옆의 마루방에서는 몇 사람이 모여 담소를 나누고 있었다. 곧 사람이 나왔고 예약했다고 말하자 시설에 대해 대략적인 설명을 해주었다. 세면장과 화장실, 세탁 방법 등에 대해서. 안내받은 방에 짐을 두고 다시 접수처 쪽으로 나오니 그새 마루방에는 사람이 조금 더 늘어나 있었다.

"같이 한잔해요."

주위를 둘러보니 아무래도 나에게 말하는 듯했다. 아직 저녁 전인데도 다들 술을 마시며 유쾌하게 이야기를 나누고 있다. 마루방에 있는 밥상 위에는 맥주와 아와모리(泡盛_오키나와 전통주_역자), 안주도 있었다. 사람들은 그 주위를 둘러싸고 제각기 편안한 자세로 앉아 있었다. 내게 말을 걸어준 게 조금 부끄러우면서도 기뻤다. 혼자 하는 여행은 고독한 법. 나는 조금 망설이다가 자리에 합류했다.

앉을 만한 자리를 발견하고 끼어 앉아 일단 맥주를 주문했다. 오키나와에서 맥주를 주문하면 반드시 오리온맥주가 나온다. "안녕하세요, 겐타라고 합니다. 오키나와에는 출장 왔어요"라는 식으로 간단히 내 소개를 하고 시원한 맥주를 들이켰다.

나와 비슷한 여행객뿐인가 했더니 근처에 사는 사람도 있고, 이곳에 여러 번 묵었던 단골손님과 장기체류자도 있었다. 게다가 여기서 일하는 스태프도 함께 맥주를 마시고 있고, 나처럼 처음 온 사람도 끼어 있었다. 누가 손님이고 누가 일하는 사람인지 잘 구분이 되지 않았다. 아주 모호하고 느슨한 관계. 도중에 누군가 기타와 산신(三線_오키나와의 발현악기. 일본 악기인 샤미센보다 조금 작다_역자)을 갖고 와 노래하기 시작했다. 손 박자를 맞추는 사람, 그저 듣고 있는 사람, 그와 상관없이 계속 대화를 나누는 사람들……. 시간이 지날수록 또 다른 사람들이 합류해서 점점 더 시끌벅적해졌다.

맥주잔이 비어 이번에는 아와모리를 주문하고 옆에 앉은 남자와 대화를 시작했다. 그는 작업복 같은 옷차림에 몸은 햇볕에 그을려 새까맸다. 머리에는 수건을 두르고 있었다. 이곳에 장기체재하고 있는데, 일을 그만두고 각지를 돌아다니다가 지금은 잠시 겟코소에 머물고 있다고 한다.

세상에는 이처럼 자유롭게 살아가는 사람들도 있다. 이런 삶을 상상하거나 전해 듣는 것과 눈앞에서 보는 것은 느낌이 완전히 다르다. 인간이란 일이 없어도 어떻게든 살아갈 수 있고, 세상에는 여러 가지 사는 방식이 있다.

술이 들어간 탓인지 이 남성과 대화가 무르익어 맞은편 선술집 '쓰키노와'로 장소를 옮겨 밤새도록 술을 마시며 이야기를 나눴다.

몇 개월 후에 다시 겟코소를 찾았다. 그때도 역시 체크인한 후에 마루방에 가보았다.

"어서 와요!"

어? 나한테? 우리 집도 아닌데 '어서 와요!'라고 말하기도 하는구나, 하며 반가웠다. 지난번에 만난 장기 체류객도 여전히 있었다. 그는 오키나와에서 구직활동 중이라고 했다. 겟코소의 시간이 흘러가고, 그 시간의 흐름 속에 나도 함께 있다는 게 느껴져 즐거웠다.

또 다른 날에는 마루방 앞에 있는 벤치에서 기타를 치고 있는 청년을 만났다. 그 옆에 앉아 말을 걸었다. 그의 이름은 오사무. 전국을 돌고 있는 길거리 뮤지션으로, 노래를 청하면 불러준다고 했다. 건배하고 노래를 듣고 또 건배하고, 이번에는 함께 노래하고 또 건배했다. 어디를 가보았는지, 예전에는 어떤 일을 했는지, 화제가 끊이지 않았고 마시고 이야기하고 노래하다 보니 밤도 깊어졌다.

다음날, 취재를 마치고 겟코소에 돌아오니 오사무가 잠시 후 일하러 간다고 해서 일터에 따라 가봤다. 겟코소를 나와 10분 정도 걸어서 마쓰야마의 교차로에 다다랐다. 나하의 환락가 입구였다. 호객꾼인 젊은 남자, 만취한 아저씨, 종종걸음으로 지나가는 젊은 여성. 그런 사람들이 오가는 장소에서 익숙한 손놀림으로 준비하는 오사무. 큰길을 등지고 서자 맞은편 편의점 불빛이 그를 비추었다. 아는 사이인 듯한 사람들이 몇 번이고 말을 건넸다. 매일 저녁 이곳에서 노래하면 이런저런 인연도 생길 것이다. 편의점에서 맥주를 사서 건배하고서 일에 방해가 되지 않도록 편의점 벽에 기대어 오사무를 바라봤다.

장소의 특성상 밤늦은 시간임에도 불구하고 사람의 왕래는 끊이지 않았다. 눈앞에 멈춰 서서 잠시 그의 노래를 듣다가 신청곡을 말하는 사람, 완전히 취해서 함께 큰 소리로 노래하는 사람, 감동했는지 눈시울을 적시는 사람도 있었다. 그들은 오사무의 노래에 만족해서 기타 가방 안에 얼마간 돈을 던져 넣기도 했다. 나도 응원하는 기분으로 아무도 없을 때 몇 번인가 노래를 신청했다.

살아본 적도 없는 마을에서 지금까지 인연이 없었던 사람과 의기투합하여 상상조차 하지 못한 시간을 공유했다. 그와는 도쿄에서 재회했다.

관광지에는 여러 만남이 있다. 하지만 맞이하는 사람도, 찾아간 사람도 다시 만날 것을 기대하지 않을 것이다. 일기일회(一期一會). 만약 같은 숙소를 방문하더라도 거기서 일하는 사람이 기억해주는 일은 거의 없다.

잊는 것은 어쩔 수 없고 나쁜 것도 아니다. 누구나 자신을 기억해주기를 바라는 것도 아니고 원한다고 해서 모두 응답받는 것도 아니다. 하지만 그렇기 때문에 서로 기억하고 알아봐주는 관계가 더 소중한 것이 아닐까? 좋은 장소란 누군가가 나를 기다려주는 곳이 아닐까?

주인이지만 손님인 듯 살아간다

그렇게 해서 겟코소는 내가 몇 번이고 다시 찾는 장소가 되었다. 언제든 찾아가면 아는 사람을 만날 수 있고 또 새로운 만남도 기다리고 있다. 처음 겟코소를 방문한 지 몇 해가 지나고 이미 열 번 정도 방문했을 무렵의 일이다. 하룻밤을 묵고 다음 날 아침에 겟코소 맞은편에 있는 '덴코모리'에서 아침을 먹고 있는데, 한 젊은 남자가 옆자리에 앉았다. 이야기를 나누다보니 처음 겟코소를 만든 겟코소 오키나와의 대표인 '선장' 도모레드 씨였다.

이런 기회는 좀처럼 없기에 아침을 먹은 후 부탁해서 겟코소에 관해 이야기를 들었다.

도모레드(有馬智明)

… 인연이 되는 장소를 만든다.

1977년 출생. 1999년에 겟코소 창시자인 '우종(雨終)'과 만나 2001년부터 겟코소의 젊은 주인으로 참가 후 2008년부터 겟코소 오키나와와 '여행자 선술집 쓰키노와' 대표를 맡고 있다. '문링스(MOONRINGS)' 등의 이벤트 기획도 주관한다.

"내가 오키나와에 왔을 무렵에는 요즘처럼 오키나와 붐이란 것도 없었어요. 민박이야 있었지만, 게스트하우스는 전혀 없었고요. 당시 사람들은 밤이 되면 자주 술집에 모이곤 했어요. 거기서 이야기하면서 문득 술을 마신 다음에 숙소로 돌아가는 게 아니라 술을 마신 채 그대로 머물 수 있으면 좋겠다는 생각이 들었어요. 아마 이런 발상으로 겟코소를 시작했던 것 같아요. 해외에서 배낭여행이 유행하고 있으니 배낭여행객을 대상으로 한 숙소를 만들자 같은 게 아니라."

도모 씨는 어떻게 관여하게 되었나요?

"당시 스물두 살이었나? 나키진에 있는 목장에서 일하고 있었는데 겟코소를 만드는 공사에 참여하게 되었어요. 당시 겟코소는 엄청 너덜너덜해서 정말 대단했어요. 먼지도 10년 치가 쌓여 있었고. 만화에 나오는 것처럼 바닥이 빠져버리지 않을까 싶을 정도였어요. 일단 전부 부수고 텅 비운 다음 처음부터 다시 채워나갔지요."

도모 씨는 지금 몇 살입니까?

"지금 서른여섯 살. 아, 스물세 살이요."

아하하하. 그런데 도모 씨를 모두가 '선장'이라고 부르던데, 왜 그런 거죠?

"숙소의 오너라거나 게스트하우스 주인이라고 소개하면 떠오르는 이미지가 있잖아요? 손님과 한잔 마시며 세상 이야기를 하고 있는데 그때 누군가가 '이 사람은 겟코소 오너다'라고 하면 갑자기 말하기 어려워지거나 분위기가 변해버리거나 하잖아요. 사실 나는 그다지 대단한 일을 하고 있지 않아요. 계속 유지하기 위해 숙소를 수리하기도 하고, 모든 사람을 생각해서 균형 잡고는 있지만 현장관리는 스태프들이 해주고 있으니까요. 나는 마치 길잡이를 한다고 할까? 예를 들어 배가 있다면 배를 어디에 띄우고 어디로 갈지 정하는 것처럼 키를 잡는 것이 내 역할이라고 생각해요. 그래서 왠지 모르게 잘 어울리는 게 '선장'이라고 생각해요. 하지만 배 안에 요리사나 선원이 있어야 비로소 유지되지요. 내가 하는 일은 게스트하우스와 술집이지만 그 말에만 묶이고 싶지 않아요. 훨씬 더 많은 것이 포함되어 있지 않을까요? 오키나와에 와서 호텔에 묵는 것은 흔하디

흔한 일이잖아요. 하지만 술집에 가서, 누군가와 만나고, 뭔가 새로운 일이 생긴다면 그것은 재미있겠다 싶어요."

사람들과 술을 마시거나 이야기하는 것을 좋아하시나요?

"좋아하지요."

그런 장소를 만들어서 모두에게 즐거움을 주는 것도?

"좋아하지요. 좋아하니까 할 수 있는 거겠지요."

이 장소를 계기로 수많은 만남도 가졌겠지요?

"그래요. 만남의 수는 굉장할 거예요. 보물이야, 보물. 일본 본토에서 이벤트 같은 거 할 때마다 '아! 몇 년 전 그때 왔던 사람이구나' 하고 생각하지요. 만약 이 장소가 어떤 이유로 어디론가 옮기게 되어도 그 인연은 뭔가 다른 형태가 되어 남겠죠. 도쿄도 빌딩이 많지만 한 걸음 들어가면 이런 동네는 아직 남아 있잖아요. 로컬이고 대중적이며 옛날부터 변하지 않는 세계라고 할까? 인정 넘치는 풍경이라고 할까? 역 앞에 가면 체인점 같은 곳투성이지만 그보다는 옛날부터 줄곧 있었던 것 같은 풍경이 좋지요."

처음부터 끝까지

종이 왕국 이야기

살아가듯 일하는 사람 중에서도 느긋하게 곁가지를 펼쳐놓는 이들이 있다. 그들의 공통점 중 하나가 자신이 만든 것을 자신이 전달한다는 점이다.

도쿄 외곽인 다치카와역. 역 앞은 사람들로 북적이지만 걸어서 15분쯤 가면 한적한 주택가가 나타난다. 구인 취재를 위해 '후쿠나가 지공(紙工)'이라는 회사를 찾아갔다. 종이 가공 및 인쇄를 하는 회사로, 여러 가지 종이를 인쇄하거나 모형 틀로 모양을 뽑아내고 구멍을 뚫거나 접고 자르고 풀을 붙여 제품 패키지나 종이제품을 만드는 곳이다. 원래는 그 지역의 회사들로부터 일을 받거나 대기업의 하청을 받아 일했지만, 지금은 세계가 주목하는 고유한 제품을 만들어내고 있다. 대표적인 것이 '공기 그릇(air vase)'이다. 얼핏 보면 그물코 모양의 종이다. 이것을 펼치면 자유자재로 형태를 바꿀 수 있는 그릇처럼 된다.

주택가를 걸어 도착한 곳은 마을공장 같은 건물. 1층과 2층이 공장이고, 3층에 사무실이 있었다. 루브르미술관이나 뉴욕현대미술관(MoMA)의 기념품 가게에서 팔리는 상품이 여기서 만들어지고 있다는 사실이 좀처럼 상상이 되지 않았다. 사무실 안으로 들어가자 대표인 야마다 아키요시 씨가 맞아주었다. 먼저 이 회사에서 일하기 시작했을 당시의 이야기를 들려주었다.

야마다 아키요시(山田明良)

… 직접 해보면 좋지 않을까?

1962년 아이치현 출생. 의류회사에 근무하다 1993년 ㈜후쿠나가지공에 입사해 2008년 대표에 취임한다. 2006년 디자이너들과 협동프로젝트 '종이공작소'를 발족하고 공장 주도로 종이제품을 개발, 제조, 판매하고 있다. 현재 '종이제작소', '공기 그릇', '테라다 모케이' 'MABATAKI NOTE' 'gu-pa' '1:16 one to sixteen' '이노우에뱃지점' 등의 프로젝트를 진행 중이다.

"줄곧 지역의 과자점이라든지 오래된 손님이 고객이었어요. 하청에서 벗어나는 것이 좋다고 생각하는 사람도 있지만 하청으로 안정적이고 확실하게 이익이 발생하는 일을 꾸준히 하는 것도 행복한 일이지요. 그런 형태를 만든 회장님은 대단하다고 생각합니다. 다만, 저는 의류업 출신이기도 해서 그런 방식이 잘 맞지 않았어요. 계속 같은 주기로 일하다 보니 재미가 없었죠. 입고된 데이터를 얼마나 정확하게 만들어내는지가 중요했는데 저는 디자인 쪽 일도 좋아해서 둘을 접목해나가고 싶었어요."

야마다 씨는 어느 날 근처에 생긴 '쓰쿠시문구점'을 방문했다고 한다. 쓰스쿠시문구점의 2대째 사장인 하기와라 오사무 씨는 디자인 디렉터이면서 대형 인쇄회사에 일한 적도 있어서 야마다 씨가 추구하는 것에 가능성이 있음을 금세 이해했다.

"처음에는 클라이언트에게 어필할 수 있는 것을 만들면 좋겠다고 생각했습니다. 우리는 이런 것도 할 수 있을 정도로 기술력이 있다고 보여주고 싶었지요. 하지만 오사무 씨와 이야기하면서 하청에서 벗어나 좀 더 수면 위로 올라갈 수 있지 않을까 생각하게 되었지요."

야마다 씨가 처음에 의도한 클라이언트에게 어필하는

것은 성과가 별로 없었지만, 여러 디자이너와 만날 기회는 점점 늘어갔다고 한다. 그러다 어느 날 '우리가 직접 제품을 기획하고 만들어 팔면 좋지 않을까?'라는 이야기가 나왔다고 한다.

"당시 디자인된 종이제품이 별로 없어서 '종이공작소'라는 사내 프로젝트를 만들었어요. 그러다 인테리어 라이프스타일전(展)에 출전했더니 느닷없이 뉴욕현대미술관으로부터 오퍼가 오기도 하고 분위기가 고조되었어요. 좋아, 한번 해보자, 하는 느낌이었죠. 2010년에 두 번째 전시회 무렵에는 미야타 군이 우연히 찾아왔어요."

디렉터인 미야타 타이치 씨는 디자이너와 공장을 연결하는 중심 인물이다. 이번에 일본일백화점을 통해 구하려는 직원은 미야타 씨의 어시스턴트였다. 처음 미야타 씨가 후쿠나가지공과 인연을 맺게 된 계기는 롯본기 · AXIS에서 열린 '토쿠쇼쿠시코우 전(特色紙工展)'이었다. 그때의 일을 미야타 씨에게 물었다.

미야타 타이치(宮田泰地)
… 디자이너와 현장 작업자를 잇는 번역가

1982년 가나가와현 출생. 다마미술대학 졸업 후, 동 연구실에 조수로 근무. 제품디자인사무소에서 디자이너 경험을 쌓고 2010년에 ㈜후쿠나가지공에 입사해 구조설계사로 일한다.

"이곳에 입사 전까지는 프로덕트 디자이너로 일하고 있었어요. 마침 직장을 옮기려고 고민하고 있을 때 종이공작소를 알았습니다. 마침 AXIS에서 대표의 토크쇼가 있다기에 그를 만나러 갔어요. 그런데 토크쇼는 사전예약이 이미 끝난 상태였지만, 어떻게든 사정해서 들어갈 수 있었습니다. 그때는 이곳에 취직하고 싶다는 이야기는 하지 않았고, 사장님도 '이 사람이 왜 찾아왔을까?' 하고 생각했겠지요."

왜 종이에 흥미를 가졌나요?

"그동안 수지나 금속 디자인 일을 하고 있었는데 완성된 것을 보고 '도면과 다르다'라고 느낀 적이 있어요. 시제품을 만들고 수정할 때도 제 손에 닿기까지 시간이 꽤 걸리고요. 하지만 종이는 내 나름대로 할 수 있어요. 생각한 것을 기다리지 않고 척척 해보고 수정 사항이 생기면 그 자리에서 바로 수정할 수 있고요. 매우 편리하고 유연한 소재더라고요. 그래서 흥미를 갖게 되었습니다."

그런데 당시 '후쿠나가 지공'에서는 디자이너를 구하고 있던 것이 아니었다. 그래서 미야타 씨는 이렇게 제안했다.

"나는 디자인을 공부했으니 제조 분야에서 일하면서 종이가 어떤 식으로 만들어지고 가공되는지 알아보고 싶었어요. 또 외부 디자이너들과 교류하면서 디자이너가 원하는 것을 현장에 원활하게 전달할 수 있을 것 같아서 '그런 사람, 필요하지 않습니까?'라고 말했어요."

입사 후에는 어땠나요?

"지금 생각하면 꽤 만만하게 봤던 것 같아요. 종이 가공을 간단하다고 생각했거든요. 인쇄하고 틀로 뽑아내는 일 정도로. 입사하고 현장 사람과 이야기해보고 제품을 만들어보니 여러 가지 제약이 있다는 것을 알게 되었지요. 얼핏 보기에는 쉽게 할 수 있을 것 같은 일도 비교적 어려운 벽이 몇 개 있을 수 있지요. 예를 들어 칼틀만 있으면 어떤 종이 형태든 만들 수 있는 줄 알았는데 종이 질이나 두께에 따라 불가능한 것도 있어요. 또 두꺼운 종이는 칼날이 닿지 않거나 칼틀의 날을 뭉개버리기도 해요."

가공도 인쇄도 간단하지 않다고 한다. 또 현장의 작업자들이 디자이너보다 종이에 대해 더 자세히 아는 경우도 많아 그들과 대등하게 일하려면 많은 경험이 필요하다고 한다. 자기가 직접 제조 공정을 만들 경우에는 제대로 팔릴 제품을 만들어야 한다는 눈높이도 필요하다.

미야타 씨가 몇 가지 제품을 소개해주었다. 가장 대표적인 것이 '테라다 모케이'라는 사람이나 가구, 식물 등 다양한 형태로 미리 오려져 있는 모형이다. 처음에는 설계사무소나 건축학과 학생 등이 모형을 만들 때 사용하는 것을 상정하고 만들었다고 한다. 사용하는 사람이 한정되어 있어서 팔릴지 불안했는데 판매해보니 예상보다 반응이 너무 뜨거워 놀랐다. 보는 것만으로도 재미있어서 선물로 부담 없이 사가는 사람이 많았다. 취재 당시 후쿠나가지공의 매출의 절반을 차지했다.

"실제로 조립하는 사람은 많지 않을지도 모릅니다. 저도 축구 편을 샀지만 조립하지 않았으니까요. 그냥 두고 보고 있어도 귀엽지요."

흥미로운 것은 제품화하기 위해 시장조사 등은 하지 않는 점이다. 공장이 붙어 있어 즉시 만들어보고 괜찮으면 시장에 내놓는다. 또 제품화 장벽이 매우 낮다. '일단 해보자!'라는 분위기이다.

미야타 씨는 자기 일을 '번역가'라고 부른다. 디자인을 제품화할 수 있도록 번역하는 역할. 사용하는 종이의 양을 줄이고, 공정을 줄이고, 좋은 디자인을 실현하는 일. 미야타 씨의 일하는 모습을 디자이너들은 '미야타 매직'이라고 부른다고 한다.

"곤란할 일이 있을 때 도움을 청하는 구호센터 같은 거지요. 아무 데도 받아주지 않더라는 안건을 의뢰받기도 하고요. 상담할 때는 먼저 복사용지를 잘라 대충 만들어봅니다. 이거라면 해볼 만하다 싶을 때는 조금 더 두꺼운 종이로 만들어요. 그리고 그것을 스캔해서 도면을 만들어나가는 겁니다. 처음부터 도면을 그려서 만들면 어렵기도 하고요. 물론 실패하는 경우도 있어요. 칼틀에서 빼냈는데 일부가 잘려 있지 않아서 직원을 총동원해서 일부를 자르기도 하고……. 예상 밖의 일이 많습니다."

후쿠나가 지공의 일은 실제로 해보지 않으면 모르는 것이 많기에 자신의 역할 범위뿐만 아니라 다른 스태프의 일도 직접 체험해봄으로써 서로에 대한 이해를 키워나간다.

더 나아가 디자이너가 정말 실현하고 싶은 디자인을 구현할 수 있는 기술력도 필요하고, 클라이언트를 고려해 가능한 한 재료나 공정 수를 줄여 적은 비용으로 생산하는 것도 중요하다. 자신들이 직접 제품을 만들기 때문에 의뢰하는 사람의 마음을 잘 파악할지도 모른다.

시키는 대로만 하면 상대방의 기분을 알기 어렵다. 게다가 요즘은 대부분의 과정이 시스템과 매뉴얼에 따라 진행되어 누가 일해도 동일한 품질을 담보할 수 있는 업무가 증가하고 있다. 그 과정에서 효율이 좋아지는 만큼 잃어버린 것도 생기는 것 같다.

소량이라도 고객의 마음으로 판다

'후쿠시마야'는 그런 손실을 없애려고 노력하는 슈퍼마켓이다. 본점은 신주쿠역에서 전철로 서쪽으로 한 시간 정도 거리에 있는 하무라역에 있다. 외관은 지극히 평범한 슈퍼마켓이고 안으로 들어가도 익숙한 풍경이 눈에 들어온다. 신선식품 매장이 있고 가공식품과 조미료 등도 진열되어 있다. 다만 상품들을 하나하나 살펴보면 낯선 상품이 꽤 눈에 띈다.

채소 매장에는 당연한 듯 생산자의 얼굴 사진이 붙어 있고, 갓 구운 빵과 반찬도 군침이 돈다. 특히 인상적이었던 것이 후쿠시마야의 자체 상표이다. 대개 자체 상표는 싸게 파는 상품이라는 이미지가 있지만 후쿠시마야의 경우는 완전히 다르다.

예를 들어 자가제 팥이나 장작 돌솥에서 구워낸 쿠키, 그리고 납작 구이 과자. 맛있는데도 아직 상품화되어 있지 않은 게 있고, 매장에서 직접 만들어내다 보니 고유의 상품이 증가했다고 한다. 그 대표 격이 '기아게'라는 상품. 후쿠시마야의 대표인 후쿠시마 도루 씨가 어느 간장 제조사를 방문했을 때 발견한 것이다. 후쿠시마 씨는 당시에 대해 이렇게 말했다.

후쿠시마 도루(福島徹)

… 추구하는 가치에 따라 사업 스타일이 정해진다.

도쿄 오메시 출생. 슈퍼마켓 '후쿠시마야' 대표. ㈜유나이트 대표. 22세부터 주류 소매, 청과업, 슈퍼, 산지개발 등을 해왔다. 생산 판매의 일체형 비즈니스 스타일을 신조로 삼고 있다.

"간장이 되려면 담고 1년이 걸리기 때문에 대개 가열해서 살균합니다. 그렇게 해서 비로소 간장이 되지요. 그런데 가열하기 전 상태의 것(기아게)을 받아서 먹었더니 향이 대단히 깊고 맛있었어요. 일반 간

장보다 오히려 더 맛있었지요. 다만 이것은 유통기한이 짧고 간장이라고 부르지 않는다고 들었어요. 하지만 맛있으니까 팔기로 했지요. 반대 의견도 있었지만 평판이 워낙 좋아서. 일단 파는 방법부터 생각했어요. 처음에는 매월 10일에만 판매하는 예약상품으로 시작했어요."

유통기한이 짧아도 예약 상품으로 하면 재고 부담도 없고 손실 없이 판매할 수 있다. 간장이라고 할 수는 없어도 고객이 설명을 듣고 제대로 이해한 후에 구입하면 된다. 지금은 가게 앞쪽에 진열하여 잘 팔려나가기에 언제나 살 수 있는 상품이 되었다.

후쿠시마야의 또 하나의 특징은 모든 부문이 연결되어 있다는 점이다. 일반적인 슈퍼마켓에서는 청과, 정육, 생선, 반찬 등 각 부문이 독립되어 있다. 상품 반입도 부문별로 이루어진다. 반찬 코너에서 초밥을 만들려고 하면 매장에서 팔고 있는 쌀과 식초를 섞지 않고 도매상에서 사들이거나 만들어진 초밥용 밥을 구입한다. 이렇게 하면 각 부문에서 조정할 필요도 없다. 발주하면 언제나 같은 품질의 것이 필요한 때 필요한 만큼 도착한다.

그런데 후쿠시마야에서는 반찬 코너에서 파는 반찬을 만들 때 청과매장에 있는 채소를 사용하고 매장 안에서 파는 조미료로 맛을 낸다. 결과적으로 반찬 매장은 가게 전체의 상품을 유료로 시식할 수 있는 형태가 된다. 이렇게 하면 재료 조달 과정이 단순화되고, 맛있기도 하다. 게다가 낭비를 없앨 수도 있다. 후쿠시마 씨의 어머니는 우엉의 버리는 부분으로 우엉채 조림을 만들어 반찬 매장에서 판다고 한다.

왜 이런 슈퍼마켓을 만들려고 생각했을까? 후쿠시마 씨는 당시의 일을 다음과 같이 회상한다.

"내가 서른다섯 살 때 음식에 대해 생각해본 적이 있어요. 그때까지는 매상을 어떻게 올리느냐만 생각했지요. 하지만 경영 상황이 어려워지자 좀더 근본적인 것들을 고민했습니다. 음식은 사람들에게 어떤 역할을 하나, 먹는다는 것은 어떤 의미일까, 맛있는 음식을 만들려면 어떻게 해야 할까, 하는 것을 생각하기 시작했지요."

그런 고민 끝에 도달한 결론은 '생산자, 가공업자, 소매상의 삼위일체'를 만드는 것이었다. 생산자나 가공업자는 가능한 한 표준화된 것을 대량으로 만들어낸다. 그래야 언제나 같은 맛의 상품을 유통시킬 수 있기 때문이다. 또 품질이 아무리 좋아도 양이 적으면 시장에서 묻혀버린다. 하지만 생산, 가공, 소매를 하나로 연결하면 소량으로 생산하더라도 유통할 수 있다.

"예를 들면 가게 내에서 직접 채소를 재배하는 것도 생각하고 있습니다. 무농약으로 재배할 수 있고 고객을 참여시켜 개방형으로 할 수도 있고요. 무엇보다 신선하고, 낭비도 없어서 장사에도 도움이 될 것입니다. 표면적인 디자인보다 결국 '맛있는 식탁'을 만드는 것이 중요합니다. 거기서 거슬러 올라갔더니 사업 스타일이 정해졌지요. 물론 이런 의도를 고객들에게 잘 전달하는 것도 중요합니다. 직원 한 사람 한 사람이 우리의 의도와 가치를 알리기 위해 의식적으로 노력해야겠지요."

처음부터 끝까지 관여해 만든다

미야타 사토루(宮田識)

… 내가 갖고 싶은 것을 만든다.

1948년 지바현 출생. 크리에이티브 디렉터. 가나가와공업고교 졸업 후 일본디자인센터를 거쳐 미야타 사토루 디자인사무소를 설립(드래프트로 이름 변경)했다. 'LACOSTE'(오사와상회), '모스버거'(모스푸드서비스), '이치방 시보리' '단레이(생)'(기린맥주), 'Salute'(와코루) 등의 브랜딩 작업을 했고, 다수의 광고상을 수상했다.

'드래프트'의 구인 취재 때도 이와 비슷한 자세를 느꼈다. 드래프트는 기업 브랜딩과 광고제작을 주로 하는 디자인 회사로, 당시 'D-BROS' 직영점의 스태프를 구하기 위해 우리에게 취재를 의뢰했다. D-BROS는 '생활 속에서 디자인을 즐기자'는 생각에서 드래프트가 제작부터 판매까지를 총괄하는 상품 브랜드이다. 대표인 미야타 사토루 씨는 점포에서 일하는 스태프에게 다음과 같은 자세를 원했다.

"상품을 어떻게 진열하면 좋을까? 고객에게 무슨 말을 걸어야 할까? 어떻게 설명할까? 이런 생각도 디자인이지요. 디자인이란 우리가 생각하는 것보다도 더 큰 영역이라고 생각해요. 우리 상품은 대개 상품 설명을 듣고 구입할지 말지 결정하게 됩니다. 따라서 어떻게 설명하느냐가 중요하지요. 그리고 마지막에 상품을 포장하는 20초가량, 스

태프는 스스로 할 말을 찾아야 합니다. 말은 누군가에게 배우는 것이 아니기 때문에 자신의 기분에 따라 자연스럽게 나오게 되지요. 고객이 돌아갈 때 자연스럽게 한마디 곁들인다면, 고객은 그 가게에 가면 왠지 기분이 좋다고 느끼게 될 거예요. 그것도 하나의 디자인이라고 생각해요. 그렇게 고객을 응대하면 좋겠어요."

드래프트는 디자인 회사인데 왜 직접 물건을 만들어 팔려고 했을까? 미야타 씨는 이렇게 말했다.

"간단해요. 시장에 내가 갖고 싶은 게 없었어요. 지금 D-BROS에서 만들어서 팔고 있는 것 같은 상품을 팔고 있는 곳이 하나도 없었어요. 그래서 직접 만들기로 했죠."

"기업과 손잡고 프로젝트를 진행하다가 그 기업의 사정으로 갑자기 중단되는 일이 있어요. 그럴 때 너무나 허탈하죠. 그런 경험을 몇 번 되풀이하다 보니 더 이상 그렇게 일하고 싶지 않았죠. 그런데 내가 직접 물건을 만들면 평생 계속할 수 있잖아요."

"또 디자이너들은 물건을 만들 때 어떤 과정을 거치는지 잘 모르기 때문에 머릿속으로 상상할 수밖에 없어요. 그래서 우리가 직접 만들어 팔아보면 그 과정을 생생하게 알 수 있겠다고 생각했어요. 제품을 의뢰하는 사람이나 사는 사람의 기분을 알고 싶었어요. 그 경험이 디자이너들이 성장하는 기회가 돼요."

연결하는 디자인

사람과 물건을 연결하는 디자인

물건을 만드는 곳과 판매하는 곳을 연결하려는 움직임이 있는 한편, 여러 가지 영역을 연결하려는 사람들도 있다. '미루 디자인(MIRU DESIGN)' 대표 아오키 아키오 씨가 바로 그런 사람이다.

아오키 아키오(青木昭夫)

… 영역을 넘나들며 일한다.

1978년 도쿄 출생. '미루 디자인' 대표. 인테리어, 건축, 그래픽 등 다양한 분야의 디자이너 네트워크를 활용해 기업 브랜딩, 전람회 기획, 상품개발 등을 한다. 2005~2009년 디자인이벤트 '디자인타이드 도쿄' 디렉터로 일했고, 2017년부터 디자인&아트 페스티벌 '디자인아트 도쿄'의 크리에이티브 디렉터를 맡고 있다.

아오키 씨는 전람회, 판촉행사, 브랜딩 등을 기획 · 감독하는 일을 한다. 디자인업계 사람들이 모이는 회식 자리에 참여했다가 그와 처음 알게 되었다.

현재 아오키 씨는 디자인을 중심으로 상품이나 사람, 장소 등 모든 영역을 넘나들며 일하고 있다. 이처럼 활발하게 일하게 된 계기는 디자인 행사인 '디자인타이드 도쿄(DESIGNTIDE TOKYO)'에서 실행위원장에 발탁된 것이라고 한다. 미루 디자인을 취재하면서 아오키 씨로부터 그때까지의 경위를 들을 수 있었다.

"원래는 패션을 공부했습니다. 학생 때부터 NHK 프로그램이나 현대무용 공연용 의상을 만들곤 했어요. 혼자서는 할 수 없으니까 학생들을 모아 팀을 짜서 했죠. 당시부터 열의만큼은 대단했고, 게다가 현대무용 선생은 믿고 맡겨주는 분이었어요. 공연 광고지 디자인은 내 개념적인 패션 그림을 그대로 쓰고 싶다고 해서 공연 광고지 디자인을 맡기도 했어요. 또 당시 '해프닝(HAPPENING)'이라는 디자인 행사에서 자원봉사를 했어요. 패션 종사자뿐 아니라 그래픽이나 건축 등 다양한 분야의 사람들과 교류하고 싶었거든요. 학교에 있으면 패션 이야기만 하게 되고 시야가 좁을 것 같았어요."

아오키 씨는 '해프닝'에서 자원봉사하며 여름방학의 대부분 시간을 보냈다고 한다. 그런 그를 보고 행사 조직자였던 가구점 사장이 말을 걸었고, 그것이 인연이 되어 같이 일하게 된다.

"1년 반 정도 일한 후 후쿠오카에 지점을 연다고 해서 그곳으로 가게 되었어요. 가게를 맡았으니 더 자유롭게 할 수 있었지요. 아주 즐거웠어요. 후쿠오카는 제가 여전히 사랑해마지않는 고향이에요. 처음에는 친구가 한 명밖에 없었지만 2년 후 환송회에 90명 정도가 참석했어요."

그 2년 동안 아오키 씨는 다양한 경험을 쌓았다. 예를 들어 밖에서 훤히 들여다보이는 곳에서 가구에 둘러싸인 채 일주일 동안 생활하는 설치 예술을 진행했고, 당시 후쿠오카의 사회 문제였던 방치된 자전거를 지혜롭게 해결하는 프로젝트도 실행했다.

"오피니언 리더들에게 동의를 받아 자전거에 'NO'라는 스티커를 붙였어요. 이것은 '나는 자전거를 함부로 버려두지 않아요!'라는 메시지예요. 이렇게 하니 다들 귀엽고 예뻐다며 자기 자전거에 붙여주었어요. 무리하게 밀어붙이는 게 아니고 자연스럽게 긍정적으로 의식이 전파되어가는 구조를 만들었어요."

아오키 씨는 디자인이 어떻게 사회와 연결되는지를 디자인한다. 자연스럽게 '디자인의 주변 환경'을 고려하면서 일했다. 도쿄에 돌아온 지 반년 후 가구점을 퇴직하고 '디자인타이드 도쿄'의 실행위원장에 발탁되었다. 당시 나이 스물일곱 살. 500명 앞에서 연설했지만 모르는 것투성이였다.

"그때 단숨에 배짱이 붙었다고 할까요? 협찬도 스스로 따내고, 플래닝도 전부 직접 하고, 사람을 어떻게 관리할지도 고민해야 했어요."

아오키 씨는 자기 일을 '크리에이티브 산업의 윤활유'라고 정의한다. 크리에이티브 산업에서는 사물과 일을 창조하고 그 가치를 전달하는 것이 요구된다. 하지만 그것이 제대로 가닿지 않은 경우도 많다. 그런 상황에 파문을 일으키기 위해 아오키 씨 일행이 시작한 것이 '디자인아트(DESIGNART)'라는 프로젝트이다. 어떤 내용인지 아오키 씨에게 물으니 다음과 같이 답해주었다.

“이제까지도 1년에 한 번씩 디자인 이벤트는 있었지만, ‘디자인아트’에서 실현하려고 하는 것은 산업화예요.”

산업화?

“예를 들어 지금까지는 전시된 것을 보기만 했었어요. 보기만 할 때는 자신과 관계없는 것이지만 그것을 구매할 수 있다면 어떨까? 참가하는 사람도 당사자가 되는 거예요. 뭐랄까, 바라보기만 하다가 직접 살 수 있다는 것을 알게 되면 물건에 집중하는 정도가 달라지지요.”

미술작품이라고 하면 지금까지는 ‘보는 것’이라고 생각하는 사람이 많을지 모른다. 미술작품은 미술관에서 보는 것이고 자기의 일상과는 관계없는 것이다. 아오키 씨는, ‘디자인아트’에서는 도시 이곳저곳에 전시하고 모든 것에 가격을 매기자고 생각했다. 더 나아가 ‘보는 것’에서 ‘구매할 수 있는 것’으로 만들기 위해 대출까지 아울러 제안한다. 단지 전시되어 있는 것이 아니라 직접 구입할 수 있는 방법이 마련되어 있다면 어떨까? 미술작품이나 디자인이 한결 더 친숙한 것이 되지 않을까?

끊어져 있던 것을 연결한다. 연결하는 일은 지금까지 행동하지 않았던 사람이 움직이기 시작하는 계기를 만드는 일일지도 모른다.

깊게 이해한 후 리노베이션한다

'리노베이션 스쿨'은 연결하기를 실천해보는 기회일 것이다. 이름에 '스쿨'이 들어가서 수동적인 느낌이 들지만 실제는 그렇지 않다. 한마디로 말하면 '열광하는 마을 조성'쯤 될 것이다.

이 일을 함께하려는 사람들이 일본 전국에서 모여 며칠 동안 빈집이 눈에 띄는 도시에 머물면서 유휴 부동산(기업 활동에 거의 사용되지 않는 부동산)의 활용안을 제안한다. 단순히 리노베이션하는 게 아니라 사업 계획을 기획하고 실현하는 것까지를 목표로 한다.

유닛별로 대상 물건을 맡아 3박 4일간 머리를 짜내며, 때로는 잠도 안 자고 쉬지 않고 작업한다. 그런 가혹한 시간이 계속되는데도 유닛을 지원하는 유닛 마스터들은 '마을에 다이빙하자!'라고 유닛 일원들을 북돋우며 마을 구석구석을 돌며 먹고 마신다. 고깃집에 가고, 초밥을 먹고, 마지막에는 라면으로 마무리하는가 했더니 다시 노래방으로 향한다. 이런 과정 속에서 마을을 깊이 이해해나간다. 선술집 주인의 이야기를 듣고 사업 아이디어를 짜내기도 한다.

그런 농밀한 시간이 지나고 드디어 마지막 날. 대상 물건의 소유주들과 관객이 지켜보는 가운데 자신들의 계획을 발표한다. 이때 유닛의 멤버 중에서 '이 사업에 내가 투자하겠다'라는 사람이 나타나기도 한다. 소유주 쪽에서 보면 의뢰한 것도 아닌데 자기가 소유한 부동산의 가능성을 알아준 사업 아이디어가 제안되고 자금까지 대준다고 한다. 소유주도 마을 관계자도 열광에 휩싸인다.

이런 식으로 사업이 출범하기 때문에 '스쿨'이 아니라 '마을 조성'이라는 말이 적합하다. 더 나아가 단순한 '리노베이션'이 아니라 '사업과 고용 창출'을 목적으로 한다. 이 리노베이션 스쿨을 운영하는 시마다 요헤이 씨는 원래 건축

시마다 요헤이(嶋田洋平)

… 시대의 변화에 유연하게 대응한다.

1976년 후쿠오카 출생. 2008년 라이온건축사무소를 설립. 일본 각지의 퇴화 지역에서 리노베이션을 통한 마을 재생사업을 진행하고 있다. 북큐슈시 고쿠라 우오 마을의 리노베이션을 통한 마을 재생 실적으로 국토교통대신상, 일본 건축학회상 교육상을 수상했다.

분야 전문가로 건축설계사무소 '미칸구미'에서 독립해 '라이온건축사무소'를 설립하고, 마을 조성이나 사업개발까지 업무영역을 넓히고 직접 빵집도 열었다. 그가 신축에서 리노베이션으로 업무영역을 넓히고, 직접 사업을 시작하고, 리노베이션 스쿨을 열게 된 이유는 무엇일까?

"독립하기로 결심하고 상황을 객관적으로 보니 사회가 완전히 바뀌어 있더군요. 더 이상 새 건물을 건설하는 시대가 아니었어요. 그동안에는 정신없이 눈앞의 일과 마주하느라 그런 변화를 읽지 못했지요. 독립하더라도 내게 신축 설계 의뢰 따위는 들어오지 않을 거라고 판단했어요. 대신 리노베이션 일이 조금씩 증가하는 것이 보였어요. 주변 상황을 읽어가면서 아무것도 없는 곳에 새로운 건물을 세우는 것은 사실 비즈니스를 조합하는 것과 아주 비슷해요. 그런 의미에서 건축가란 최강인지도 몰라요. 하지만 기존의 설계사무소가 능력을 발휘할 수 있는 분야는 적어지고 있어요. 요컨대 지금까지의 방식에 연연한다면 먹고 살아갈 수 없을 거예요."

건축가들은 디자인도 하고 구조에 대한 계산도 해야 하

므로 숫자에 강하다. 클라이언트 앞에서 발표할 기회도 많다. 따라서 건축가 출신들이 건축의 외연을 더 확대해나가는 것은 자연스러운 일이라고 생각한다.

그럼 앞으로 건축가에게는 어떤 역할이 필요할까? 최근에는 건축가 본연의 일도 하면서 스스로 집을 짓고 거기서 자신의 사업을 시작하는 사람도 늘고 있는 것 같다. 이런 식으로 전 과정을 자신이 직접 하는 사람이 있는 한편, 여럿이 함께 장소를 만들어가는 사람도 많아지지 않을까? 그때 건축가의 역할은 선도자이며 촉진자 같은 것이 될 것이다. 역할이 변화되는 것은 건축가뿐만 아니라 여러 다른 직업에도 해당하는 이야기일 것이다.

⑤

숲이 되다

자신의 영화관을 만들 수 있는 서비스, '팝콘(popcorn)'

'사이의 사람'

어떤 사람의 이야기를 듣고 있으면 그 사람이 한 그루 나무처럼 느껴진다. 더 주의해서 보면 그 주위에 많은 나무가 생겨나고 마치 숲처럼 이어져 펼쳐지고 있음을 알 수 있다. 사람은 혼자 살아가는 게 아니라 '관계' 속에서 살고 있다. 특히 인터넷이 등장함으로써 사람의 관계성은 더욱 복잡해지고 있는 듯하다. 복잡한 생태계는 서로 보완하면서 지탱하도록 제 역할을 하고 있다.

'소셜'이라든지 '커뮤니티'라는 말이 유행하는 한편으

로, 그것에 위화감을 느끼는 사람도 있다. 나도 주의하며 이 말을 쓰고 있고 있는데 그 이유는 자칫 문맥상 그것을 목적인 양 쓰기 쉽기 때문이다. 예를 들어 소셜을 디자인한다든가 커뮤니티를 만든다든가 하는 표현. 거기에 제공하는 사람이 있고 한편으로는 받는 사람들이 있어 명확하게 선이 그어지고 있는 상태처럼 느껴진다. 하지만 내가 좋아하는 것은 소셜이라거나 커뮤니티 같은 것이 자연스럽게 생겨나 존재하는 상태다.

내가 좋아하는 '바(bar)'도 그런 장소이다. 손님들끼리 전혀 모르는 바보다 서로 편안한 거리감을 유지하며 자연스럽게 이어져 있는 곳이 좋다. 늘 가던 바에 갔더니 아는 얼굴이 몇몇 있다. 자연스럽게 대화가 시작되고 술도 함께 마신다. 만약 새 손님이 와서 카운터석이 꽉 차면 '전 이제 나가니까 여기 앉으세요'라고 말하며 신경 쓰이지 않게 자리를 양보한다. 왜 그런 일을 하냐면 이 장소의 존속을 바라기 때문이다. 단골 바가 사라지는 것은 쓸쓸한 일이다.

모두 가게가 지속되도록 응원한다. '이번 주는 손님이 많지 않다'라는 말을 들으면 한잔 더 하기도 한다. 손님 같으면서 순전히 손님이라고 단언할 수도 없다. 그렇다고 가게에 속한 사람과도 다르다. 손님과 가게에는 분명한 선이 그어져 있는 것이 아니고 그 사이가 존재한다.

'일 바'에도 '사이의 사람'이 존재한다. 대화가 멈추면 말해주거나 질문이 많이 오갈 때는 참고 기다려준다. 모두가 '?'가 되었다면 대신 묻기도 하고 대화가 막히면 일부러 반대 의견을 말해주는 사람도 있다.

진정한 영화 소개란 무엇인가

제공하는 사람과 제공받는 사람처럼 역할분담이 분명한 것보다 수평적이고 느슨한 관계를 나는 더 편안하게 여긴다. 또 누군가와 함께 만들어나가는 것이 즐겁다. 누구나 자신의 영화관을 만들 수 있는 서비스 '팝콘(popcorn)'도 함께 만들어내는 즐거움에서 시작했다.

'팝콘'은 2017년에 우리가 출범한 프로젝트이다. 공동대표인 오하시 다케시는 영화를 사랑하는 사람으로, 외국 컨설팅회사에 근무한 후 강한 영화에 대한 열정으로 예술대학에서 다시 영화를 전공한 이색적인 경력을 지녔다. 현재 크리에이티브 영역, 특히 영화에 강한 크라우드펀딩 서비스인 '모션갤러리(MotionGallery)'를 운영하고 있다. 팝콘이 출범한 것은 2016년 무렵, 키요스미시라카와에 있는 리틀도쿄 3층에서 일본일백화점의 채용 면접을 하고 있을 무렵이었다.

"정말 하고 싶은 것은 무엇인가요?"

눈앞에서 마주 앉아 있는 남자에게 이 질문을 던졌다. 이름은 M.

나는 면접 때 자주 이런 질문을 한다. 회사에서 채용하려는 분야와 상관없이, 정말 하고 싶은 것은 무엇인가? 말꼬리를 잡고 늘어지려는 게 아니다. 나는 상대가 진짜로 하고 싶은 것이 무엇인지 아는 것이 중요하다고 생각한다. 채용하려는 분야와 상대가 정말 하고 싶은 것 사이에 겹치는 부분을 발견할 수도 있고, '이런 일도 있다'라고 다른 분야를 소개할 수도 있다. 면접이라기보다 함께 상대방의 일을 생각하는 시간인지도 모른다.

약간 당황하면서도 M은 이렇게 대답했다.

"영화 관련 일을 하고 싶습니다."

M은 영화 공부를 해온 사람이었다. 나는 일본일백화점에서 영화를 만들면 재미있을지도 모르고 영상 관계 일을 소개해줄 수도 있겠다는 생각이 떠올랐다. 그래서 M에게 영화나 영상 제작을 해보면 어떻겠냐고 물었다. 그런데 M은 영화를 만들고 싶지는 않다고 했다. 그렇다면 어떤 식으로 영화 관련 일을 할 수 있을까? 한동안 둘이 이런 저런 가능성을 생각해봤다. 그러자 '영화를 소개하고 싶다'는 대답이 돌아왔다. 영화 비평가? 혹은 영화 미디어? 여러 가지를 상상하면서 영화를 소개할 방식에 대해 이야기하면서 떠오른 것이 '자신의 영화관을 만든다'라는 것이었다.

자기가 보여주고 싶은 영화를 상영한다면 그게 바로 최고의 영화 소개가 아닐까? 그런데 영화관을 만드는 일은 간단하지 않다. 최근 일본 내 영화관 스크린 수가 늘고 있다고 한다. 멀티플렉스가 증가하고 있기 때문이다. 반면, 미니 시어터나 명화 상영관 같은 단관(單館) 영화관은 감소하고 있다.

지방에 가면 '이 마을에도 예전에는 영화관이 여럿 있었다'라는 말을 자주 듣는다. 도쿄 내에서조차 정말 좋아했던 미니 시어터가 점차 사라지는 실정이다. 개인이 영화관을 만드는 것은 무척 어렵다. 지방 출장 중에 영화관에 들르면 100명 이상 앉을 수 있는 영화관 안에 두세 명밖에 없는 경우도 있다. 이래서는 계속하기 어렵다. 다른 방법은 없을까?

미니 컬처 콤플렉스를 구상하다

영화관은 구조적으로 자리가 고정되어 있어 다른 용도로 사용하기 어렵다. 그런데 유연하게 바꿀 수 있는 공간이라면 여러 가지 일을 하면서 가끔 영화를 상영할 수도 있지 않을까? 예를 들어 평소에는 카페 등을 운영하다가 이따금 자기가 좋아하는 영화를 상영하는 것이다. 더 나아가 마르쉐를 열거나 라이브공연을 하거나 요가교실이나 워크숍을 진행할 수도 있다. 이처럼 여러 가지 형태로 이용한다면 공간을 계속 유지할 수 있지 않을까? 순수한 영화관도 좋지만, 다양한 체험을 할 수 있으면 더 좋다.

인구가 감소하는 지방에서는 사람이 모일 수 있는 장소가 더 필요해진다. 인구밀도가 낮아지면 그만큼 사람과 만날 기회가 줄어든다. 그런 환경에서는 '그곳에 가면 언제나 누군가 있다'고 할 만한 장소를 만드는 게 중요하다. 즉 기능을 집약한 장소, 작은 복합 문화시설, 말하자면 미니 컬쳐 콤플렉스 같은 것을 만들면 어떨까? 예를 들어 동네주민이 '오늘은 무슨 행사가 있을까?' 하며 훌쩍 들렀다가, 영화 상영을 하고 있으면 '오늘 밤에는 영화라도 볼까' 하며 예정에 없던 영화를 보고 올 수도 있을 것이다.

미니 컬쳐 콤플렉스는 어느 정도 규모의 장소가 적당할까? 편의점 한 곳의 상권이 3,000명 정도를 커버한다고 한다. 이와 비슷한 크기면 미니 컬쳐 콤플렉스도 실현할 수 있지 않을까? 편의점 같은 기능이 있어도 좋고, 그것만으로는 대기업에 대항할 수 없으니 그곳에만 존재하는 것이 있으면 더 좋을 것이다. 대기업이 '구조'를 잘 다듬어나간다면 미니 컬쳐 콤플렉스는 '사람'으로 승부를 걸어야 한다.

예를 들면 식사는 지역 주민들이 손수 만든 것을 제공하고, 그곳에서만 살 수 있는 특산물 등을 진열한다. 또 작은 책방과 공공도서관을 통합시켜도 좋다. 도로 휴게소나 주민센터 같은 시설이 옆에 있어도 좋겠다. 더 나아가 사람들이 자연스럽게 대화할 수 있는 장소로 낮에는 카페, 밤에는 바나 선술집처럼 카운터석이 있는 장소를 만들어도 좋을 것이다. 여기서 모든 회계를 끝낼 수 있다면 모두 이곳에 모일 테고 일손도 적게 들 것이다. 어쩌면 아동 보육이

나 공유오피스용 공간 등을 병설해도 좋겠다.

장소를 일방적으로 제공하는 게 아니라 여러 사람이 직접 참여해 유지해가는 형태가 좋지 않을까? 그런 미니 컬처 콤플렉스의 기능 중에 영화를 상영하는 기능이 있다면 대단히 재미있을 것이다.

자체 상영회를 시도해보다

M과 면접하는 동안 여러 가지 아이디어가 생겨났다. 대화를 나누며 여러 가지 아이디어를 함께 떠올려보는 시간은 아주 즐겁다. 그 과정에서 상대방이 어떤 사고방식을 가졌는지도 알게 된다. 궁극적으로 바라는 바는 영화를 상영하는 것이다. 그렇다고 본격적인 영화관을 만들 필요는 없다. 가끔 영화를 상영하고 그 밖에도 여러 가지 활동을 할 수 있는 장소를 만든다. 그런 점을 고려해 알아보니 영화관을 만들지 않아도 영화를 상영할 수 있는 구조가 있다는 것을 알게 되었다. '자체 상영회'라는 것으로, 이를 이용하면 합법적으로 영화를 상영할 수 있었다.

그런데 이 자체 상영회도 간단하지는 않았다. 우선 권리

관계가 복잡하다. 상영하고 싶은 영화가 있어도 어디에 문의해야 할지 알기 어렵다. 영화에 따라 문의할 곳이 각기 다르다. 문의해도 누가 권리를 가지고 있는지 잘 모르는 경우도 있다.

또 비용이 많이 들어서 상영하기 어려울 때도 있다. 수만 엔에 상영 가능한 영화가 있는가 하면 수십만 엔이 드는 것도 있었다. 한번 상영할 때마다 평균 10만 엔 정도의 비용을 각오해야 했다. 만약 한 번의 상영에 10만 엔이 든다면 일반 영화관과 동일한 1,800엔을 입장료로 받아도 단순히 계산해서 56명의 관객을 모아야 겨우 상영비용을 조달할 수 있다. 바꿔 말하자면 그 정도까지 관객을 모을 수 없으면 적자이고, 공간의 수용력이 그보다 훨씬 작다면 처음부터 적자를 각오하고 상영해야 한다.

물론 100명 이상 관객이 든다면 운영할 수 있지만, 우리가 머릿속에 그리고 있는 것은 정원 20~30명 규모의 장소였다. 역시 영화를 상영하기는 어려운 건가? 영화 권리를 가지고 있는 사람의 입장에서 보면 상영회마다 파일을 보내는 수고를 해야 하고 영화의 가치를 고려하면 10만 엔의 비용은 비싸지 않다.

하지만 포기하기 전에 좀 더 해볼 수 있는 일이 있다는 생각이 들었다. 인터넷을 통해서 데이터를 주고받는 구조를 만들면 되지 않을까? 그렇게 하면 권리자의 수고를 덜 수 있다.

또 인터넷으로 상영회에 참가하는 사람 수를 파악할 수 있게 해서 참가자 수에 따라 수수료가 발생하는 구조를 만들 수 있지 않을까? 만약 1명밖에 참가자가 없더라도 1인분의 수수료로 상영이 가능하다면 위험이 낮아지므로 훨씬 더 많은 사람이 자체 상영회를 열려고 할 것이다.

이런 서비스를 만들 수 있다면 M이 즐겁게 할 수 있는 새로운 일을 만들 수 있을지 모른다. 결국 M은 일본일백화점에서 일하지는 않았지만, 지금은 다른 형태로 영화를 소개하는 일을 하고 있다.

아이 콘택트할 수 있는 것이 좋다

면접이 끝난 후에도 여러 가지 생각이 떠올랐다. 인터넷 시대가 되어 장소와 만남의 역할이 달라지고 있다.

예를 들어 최근 핼러윈에 특별한 분장을 하고 즐기려는

사람이 많아져서 하나의 고유한 행사로까지 발전했다. 코스프레 문화가 성숙해졌다는 이유도 있겠지만 또 다른 이유가 있을지도 모른다. 또 조깅이나 요리 등 혼자서도 할 수 있는 것을 일부러 여럿이 모여서 즐기는 경향이 늘어나고 있다. 왜 그럴까?

문득 이런 행사에 자주 참여하는 어느 대학생의 말이 떠올랐다. 그녀는 누군가와 깊은 대화를 나누는 것은 서툴지만 많은 사람이 같은 모습을 하고 즐기는 행사는 좋아한다고 한다. 굳이 대화하지 않아도 함께하고 있다는 실감이 나고 참가자끼리 눈과 눈을 맞추며 아이 콘택트하는 정도가 딱 좋다는 것이다.

결국, 물리적인 공간에서 요구되는 것은 먼저 간단한 '아이 콘택트'이다. 인터넷에서는 쉽게 친구가 되고 정보를 검색하거나 공유하는 것도 가능해졌다. 영화도 편하게 인터넷에서 볼 수 있다. 그래서 실제 공간에서만 할 수 있는 '체험'이 필요하다.

사람은 거울뉴런이라는 신경세포를 지니고 있어서 다른 사람이 행동하는 것을 보며 마치 자신이 행동하는 것처럼 느낄 수 있다. 누군가 슬퍼하거나 기뻐하면 자기 일처럼 느껴지곤 한다. 이러한 것은 상대의 모습이 보이는, 실제 공간에서 더 쉽게 일어난다. 그런데 현실에서는 모르는 사람과 교류하기는 해도 뭔가를 공유하는 예는 적다.

길에서 모르는 사람에게 말을 걸거나 하는 일은 거의 없다. 하지만 뭔가 공통점이 있으면 어떨까? 예를 들어 핼러윈 때처럼 다 함께 분장을 하고 있다면? 혹은 같은 팀을 응원하는 사람들이 함께 경기장에서 관전하고 있다면? 그런 공통점이 있거나 같은 목적이 있다면 서로 공유하고 있어서 말 걸기가 쉬워진다. **같은 공간에서 목적을 함께 하는 사람끼리 간단히 아이 콘택트하는 상황을 만드는 것이야말로 인터넷 사회에 있어 실체적 세계가 지닌 가치가 아닐까? 그것은 결국 '사람과 사람의 관계'를 형성하는 것이다.**

그렇다면 영화에서 실체란 무엇일까? 그것은 영화관이 될 것이다. 하지만 영화관에서는 아이 콘택트가 좀처럼 일어나기 어렵다. 오히려 예의에 어긋나는 행동이 된다. 상영 중에는 조용히 해야 하고 옆 사람이 휴대전화를 보거나 소리를 내며 음식을 먹으면 짜증이 난다. 영화를 보고 있을 때는 다른 사람의 존재는 없는 것처럼 의식한다. 영화 상영이 끝난 후 감동했다고 해도 옆 사람에게 말을 거는 일도 없다. 즉 같은 영화를 본다는 것만으로는 아이 콘택트가 일어나기 어렵다.

자체 상영회에서는 그것을 뛰어넘는 것이 있다. 그중 하나는 '침낭시네마'라는 행사이다. 예를 들어 보름달이 뜬 밤에 다마가와 강가 고가 밑에서 침낭에 싸인 채 영화 〈E.T.〉를 감상하는 것이다. 주위에는 포장마차가 늘어서 있고 모두 함께 왁자지껄하며 영화를 본다. 고가 위로 때때로 전철이 지나가므로 아이가 떠들어도 부모는 그렇게까지 신경을 곤두세우지 않는다. 이런 분위기이기에 바로 일체감이 형성되고 아이 콘택트도 이루어지기 쉽다.

영화를 본 후 그 영화에 나온 음식을 재현하여 함께 먹는 것도 좋을 것이다. 자체 상영회라서 아이 콘택트는 일어나기 편하지 않을까?

집에서 보는 것과도, 영화관에서 보는 것과도 다른 체험

자체 상영회는 인터넷 사회가 되었기 때문에 요구되는 것일지도 모른다. 하지만 나는 영화업계 지식이 너무나 부족했다. 어떻게 하면 좋을까 궁리하다가 크라우드펀딩 사이트 '모션갤러리(MotionGallery)'를 운영하는 오하시를 떠올렸다. 오하시라면 영화업계에 관해서도 잘 알고 있으니 실현 방법을 찾아낼 수 있을지도 모른다. 면접이 끝난 지 한 시간도 안 돼 오하시에게 전화했다.

그에게 누구나 쉽게 자체 상영회를 실현할 수 있는 서비스 아이디어를 말했더니 너무 어려운 일이지만 해보자고 했다. 어쩌면 영화의 수명을 늘리는 방법이 될지도 모른다고도 했다.

예를 들어 미니 시어터에서 상영되는 작품은 상영 첫날에 관객이 잘 모이지 않으면 도중에 중단되기도 한다. 그런 영화일수록 개봉했다는 사실을 알았을 때는 이미 상영이 끝나버렸거나, 지방에서는 아예 상영하는 영화관 자체가 없다. 그래서 자체 상영회가 더 많아지면 영화의 수명이 늘어나 감상할 기회도 늘어나게 될 것이다.

그날부터 2년이 채 안 돼 누구나 자신의 영화관을 만들 수 있는 '팝콘(popcorn)'이 본격 출범했다. 영화는 모두 스트리밍으로 재생한다. 영화 권리자는 데이터를 '팝콘'에 한 번 주면 이후 관리하는 번거로움이 거의 없어지는 데다 수수료 수입을 챙길 수 있다.

또 인터넷상에서 관람권을 구입하는 방식으로 만들어 참가자 수도 파악할 수 있다. 입장객 수에 따라 비용이 발생하는 구조로 만들 수 있었으므로 상영하는 사람도 관람객 수를 걱정하지 않고 상영회를 열 수 있다. 만약 관객이 한 사람밖에 없더라도 적자가 나는 일은 없다.

예를 들어 1명당 900엔의 수수료가 발생하는 영화를 상영했다고 할 때 입장료를 1,500엔이라고 한다면 관람객 수가 30명밖에 안 된다고 해도 적자는커녕 상영자에는 1만 8,000엔의 수입이 발생하게 된다. 이 정도면 소규모 상영회도 열 수 있다. 영화관이 없어진 지역이나 상영이 끝난 영화도, 안정된 인터넷 환경을 갖추고 있고 프로젝터나 스크린, 음향설비나 컴퓨터가 있으면 상영할 수 있다.

이 서비스가 시작되고 얼마 지나지 않았을 때 이러한 감상을 들었다.

"집에서 혼자 보는 것과는 다른 체험이었다. 혼자서 볼 때는 자기밖에 없고 영화관에서 볼 때는 타인의 존재를 강제로 지워야 한다. 그러나 '팝콘'은 먼저 사람이 있고 그 공기 속에서 함께 보는 방식이기에 사람의 존재를 느낄 수 있는 자리였다."

다 함께
만들어간다

모두 함께 만들어가는 재미. 내가 이것을 처음 느낀 것은 도쿄 스기나미구 오기쿠보에 위치한 북카페 '6차원'을 취재할 때였다. 텔레비전방송국 디렉터 출신인 나카무라 구니오 씨에게 6차원을 오픈했을 당시의 이야기를 들었다.

"6차원은 원래 '범천'이라는 전설적인 재즈바였고, 그 후는 '히나기쿠'라는 유명한 카페였어요. 우연히 그것이 없어진다는 이야기를 듣고 갔는데, 정말 멋진 공간이었어요. 다음 달에 문을 닫는다는 이야기를 듣고 그 자리에서 내가 빌리고 싶다고 말했지요. 그때 머리에 그리고 있었던 것은

나카무라 구니오
… 함께 만들어가는 재미를 추구한다.

도쿄 오기쿠보의 북카페 '6차원' 점주. NHKWorld의 디렉터를 거쳐 프리랜서 작가로 일한다. 저서로 『사람이 모여드는 '연결의 장' 만드는 법』, 『패러렐 커리어』, 『킨츠기수첩』, 『무라카미 하루키어 사전』 등이 있다.

10년쯤 후에는 내가 하고 싶은 것을 하며 생계를 꾸리고 싶다는 것이었어요. 방송국 디렉터 시절에는 시청률이 별로 나오질 않았기에 내내 저공비행하는 느낌이었어요. 그래서 내가 좋아하는 것을 하고 싶다고 생각했지요."

"당시 회사원이었기에 다음날 회사와 이야기를 나누고 계약직으로 전환했어요. 나 외에도 카페를 빌리고 싶어 하는 경쟁자가 많았지만, 리모델링하지 않고 그대로 보존할 테니 꼭 빌려달라고 해서 입주할 수 있었어요. 가게를 시작하고 나서는 인건비도 들고 갚아야 할 대출금도 있어 힘들었어요. 이런 건 인기가 있겠다 싶어서 외국의 진귀한 맥주라든가 아칸호수(阿寒湖)에서 가재 수프를 주문해서 메뉴로 내놓았어요. 하지만 그런 메뉴는 전혀 인기가 없었고 '커피 주세요' 같은 말만 들었어요. 손님 중에 일하고 싶다는 친구가 나타났고, 카레를 만들 줄 안다고 하기에 날마다 바뀌는 메뉴로 카레를 내놓기 시작하자 손님이 부쩍 늘어났어요. 여러 가지를 손님들로부터 배웠어요. 모두 손님들이 해주었지요. 계획 같은 것은 거의 없어서……."

"독서회는 충격이었어요. 이것도 처음에는 부탁받은 거예요. 손님이 독서회를 진행하고 싶다고 해서. 지금은 5,000엔 정도 참가비를 받습니다. 30명이 모이면 15만 엔이 되지요. 500엔짜리 커피를 1개월 정도 팔아야 벌 수 있는 금액이에요. 독서회를 자주 열다 보니 무라카미 하루키 작가의 작품을 읽는 독서회도 많아져서 '하루키스트'가 모이는 가게 같이 매스컴에 소개되기도 했지요. 노벨문학상 발표일에는 우리 가게에 중계차까지 오기도 하고요. 이런 것도 재미있다고 생각해요. 또 우리가 자주 하는 것 중의 하나는 편집자를 모아 편집회의를 열고 아이디어를 모아 책을 만드는 것입니다. 편집교실이면서 실제로 출판도 하는 거죠. 즉 프로세스를 보여주면서 그것을 공유하고 이벤트화하는 거지요. 그것은 나 자신에게도 도움이 돼요. 6차원은 평면적인 것을 입체화하는 활동인 셈입니다. 유명한 사람이라도 강연을 하거나 사인회를 하는 것만으로는 사람이 모이지 않아요. 한편으로 그렇게 유명하지는 않지만, 일부 열광적인 팬이 있는 사람도 있지요. 그런 사람이 초대 손님일 때가 더 좋더군요."

"또 행사가 끝나면 잠시 자리를 그대로 둔 적도 자주 있었습니다. 그랬더니 모두 남아서 즐겁게 이야기를 나누는 거예요. 행사가 끝났다고 곧바로 '이제 끝났습니다'라고 해버리면 여운이 남지 않으니까. 여운을 남기면서 타이밍을 가늠하며 끝내는 것이 중요하지요. 요즘은 행사가 끝난 뒤면 나도 지치니까 시작하기 전에 참가자와 대화를 나누는 경우도 많아요. 그리고 행사에 관한 아이디어가 떠오르면 먼저 트위터에 올려봐요. 그러면 꼭 진행해달라는 응답이 모이기도 하고, 대체로 반향을 알 수 있지요. 또 이벤트를 하고 싶은 사람이 있으면 그 자리에서 일시를 정해 적극적으로 받아들이기도 합니다. 거절하지 않고 해보는 것도 방법적으로 재미있어요. 자기가 잘 상대하지 못하는 사람일수록 이쪽에서 먼저 말을 걸기도 합니다. 그런 것도 중요하지요."

"모두에게 자랑하고 싶어진다는 것도 중요해요. 예를 들면 킨츠기(도자기의 파손 부분에 금분 같은 금속가루를 칠하며 이어붙이는 복원기법_역자) 관련 행사도 하고 있는데, 모두가 SNS에 올리니까 점점 퍼져나가는 거예요. 참가한 행사에 관해 누군가에게 말하고 싶어지는 것도 마찬가지죠. 그렇게 하면 결과가 좋아요. 그리고 덤이 생기기도 하고요. 간혹 지각하는 초대 손님이 있는데, 그럴 때는 참가자에게 팥빵을 나눠주기도 하고 그림을 그려주기도 하거든요. 그러면 참가자들은 왠지 이득을 본 기분이 들어서 자랑도 하고 싶고 응원도 하고 싶어지는 거예요. 함께 뭔가를 만들 때도 상대의 의견을 들어봅니다. 그것은, 상대에게 여백을 남기는 일이에요. 예전에는 어떤 것을 동경해서 행동하는 일이 많았다면 지금은 울려 퍼지는 느낌, 공명하는 느낌이 중요하다고 생각합니다. 이미 있는 것을 제공하는 게 아니라 함께 만드는 것, 모두가 만들어가는 시대인 거지요."

지속 가능한
쾌락을 추구한다

다 함께 만들어갈 때 중요한 것은 공정해야 한다는 것이다. '도쿄R부동산'을 운영하는 '스피크(SPEAC)'의 대표인 하야시 아쓰미 씨는 무척 공정한 사람이다. 다른 의견이 있으면 이해하려고 애쓰고, 흑이냐 백이냐 하는 이분법적 사고를 하지 않는다. 항상 균형을 취하고 있기에 주위에 많은 사람이 모여드는지도 모른다. 나는 일 백화점을 시작하기 전부터 하야시 씨에게 도움을 받아왔다. 하야시 씨가 없었다면 일백화점은 태어나지 않았을지도 모른다. 그런 하야시 씨의 블로그 제목은 '지속 가능한 쾌락'. 그는 이 제목의 의미를 블로그에서 이렇게 설명하고 있다.

내가 기본적인 근거로 삼는 것

하야시 아쓰미(林厚見)

… 유쾌하게, 즐겁게, 지속적으로!

1971년 도쿄 출생. ㈜스피크 공동대표. 도쿄R부동산 디렉터. 건축디자인을 공부한 후 경영전략 컨설팅 회사, 미국 유학, 부동산 디벨로퍼를 거쳐 현재 부동산 중개 사이트 도쿄R부동산을 운영하고 있다. 리노베이션과 DIY 웹숍 툴박스(toolbox)를 운영하며 건축 · 부동산 · 지역의 개발 · 재생과 신규 사업을 기획하고 있다.

"이런 느낌입니다. 유쾌하게, 즐겁게, 지속적일 것. 나도 그렇고, 주위도, 세상도, 또 동물이나 자연도, 모두 전체적으로 그러면 좋지 않을까 생각합니다. 유쾌함과 즐거움. 사람마다 그 내용이나 기준이 다르고 같은 사람이라도 변해가겠지만 지금은 내가 생각하는 것을 내 나름대로 추구해나가고 싶습니다. 긴 안목으로 보고 대체로 쾌락이 지속하게 할 것을 바라고 있습니다."

마침 나는 하야시 씨와 함께 니가타에 머물고 있어서 '지속 가능한 쾌락'이라는 말을 키워드로 어떤 것을 생각하고 있는지 들어보기로 했다. 장소는 '호스텔 나블라(HOSTEL NABLA)'라는 게스트하우스. 1층 카페에서 하야시 씨는 따뜻한 커피, 나는 차가운 카페라테를 주문하고 자리에 앉았다.

'지속 가능한 쾌락'이란 어떤 것인가요?

"블로그를 시작하려고 제목을 궁리한 끝에 이런 제목이 나왔어요. 극단까지 생각해갔더니 '모두 기분 좋고 즐거우면 되잖아' 하는 데 생각이 머물렀어요. 단순히 쾌락이라고 하면 얼핏 의심스럽기도 하고요. 내게 필요한 것은 오래도록 최적(最適)인 상태이기에……."

오래도록 최적인 상태?

"그래요. 그때그때의 '유쾌함'이나 '즐거움'을 만드는 게 아니고 그것이 계속되는 상태를 어떻게 디자인할까를 생각해요. 쾌락이 아니라 쾌락이 계속될 만한 상태를 어떻게 디자인할 것인지가 가장 중요한 명제죠. 이에 대해서는 졸저인 『그래서 우리는 이렇게 일하는 방식을 선택했다』에서도 썼는데요. 비전, 자유, 여행, 초밥, 동료라는 다섯 개의 키워드가 나왔고, 이 다섯 가지가 균형을 잘 이룬다면 지속 가능한 쾌락이고 오래도록 최적인 상태라고 생각해요. 비전이란 일의 주제이고, 우리에게는 애착을 느끼는 즐거운 공간을 늘려나가는 것이 이에 해당해요. 자유란 하고 싶다고 생각한 것을 할 수 있는 상태. 그리고 여행할 수 있는 삶. 초밥은 돈의 척도로, 자가용 비행기는 필요 없어도 맛있는 초밥을 마음껏 먹을 수 있을 만큼의 경제력은 갖고 싶다는 사고방식을 의미해요. 동료는 가치관을 공유할 수 있는 동지나 가족과 함께 있는 것. 이들이 모두 병존하는 것이 중요한데 어느 하나를 추구하느라 다른 하나가 없어지지 않게, 균형이 잘 잡히도록 주의를 기울여요. 내 쾌락이 계속되는 상태를 생각했을 때, 이 다섯 가지 중 어느 하나를 크게 희생하는 것이라면 그것은 잘못된 선택이 아닐까? 이렇게 판단하는 것이 하나의 기준이 되고 있지요. 예를 들어 비전은 대기업에 들어가 많은 자금이 조달된다면 단숨에 실현할 수도 있을 겁니다. 그래서 잘 되면 초밥도 많이 먹을 수 있을지 모르지만 자유를 잃어버릴 수도 있지요. 하지만 이렇게 균형을 취하고 있으면 뾰족함이 없어지기도 해요. 나는 오로지 자유를 찾아 세계를 여행하겠다, 돈 따위 없어도 좋아, 하는 식으로는 되지 않으니까요."

뾰족한 게 왠지 멋있기는 합니다.

"그래요, 멋있지요. 하지만 나는 원래 그렇게 뾰족한 감성의 인간이 아니라고 생각하고 있고, 남이 보기에 멋있는 것을 추구하지는 않아요. 그래서 내가 지속적인 쾌락을 유지하려면 아까 말한 다섯 개의 키워드가 나란히 나오게 돼요.”

하야시 씨는 논리적인 면도 뛰어나고 정서적이거나 창의적인 것도 아는 사람이다. 예를 들어 하야시 씨가 진행한 ‘시모키타자와 케이지’는 철도 고가 아래의 열린 공간을 잠정 활용한 프로젝트이다. 이벤트나 퍼포먼스 등이 이뤄지는 열린 공간은 낮에는 거리의 공원으로, 밤에는 음식점의 옥외 객석으로 이용한다. 철도회사라는 공적인 기업을 상대로 매우 유연하고 창의적인 기획을 논리적으로 설명해 모두에게 공감되는 형태로 만들었다.

하야시 씨는 사람이나 가치관을 ‘중개’할 수 있는 사람처럼 보여요.

“물론 그렇게 하고 싶지만, 먼저 나 자신이 즐겁게 사는 게 기본이라고 생각해요. 그것이 충족되고 나서 다른 사람도 생각할 수 있어야 행복하겠지요. 하지만 세상은 이상하게도 이쪽과 저쪽 중 어느 쪽이냐는 논쟁이 더 많아요.”

살다 보면 오른쪽이냐 왼쪽이냐 선택해야 하는 일이 많다. 그럴 때 자신의 의견을 강요하거나 한쪽에 치우친 이야기를 해버리기도 한다.

“저는 양자 사이에 답이 있다고 생각하기에 다양한 의견을 공존시키자는 방향으로 합의를 보고 거기에서 더 좋은 답을 만들려고 할 때가 비교적 많아요. 물론 강함이 있는 디자인을 만들어내려면 모든 사람의 생각을 민주적으로 집약하는 방식으로는 안 되겠지만요.”

확실히 모든 의견을 받아들이다 보면 절충안이 되어 핵심이 빠져버리기도 하죠.

“맞아요, 그래서 판단할 때는 신중하게 합니다. 내가 공정한가에 신경을 많이 쓰는 편이니까요. 물론 공정함을 고집하다 보면 자신이 상상했던 답과는 달라지는 경우도 있지만 그게 옳은 답이라는 것이지요.”

자기 안의 ‘쾌락’으로부터 그려나간 것이 사회 전체에서 보면 반드시 공정하지 않은 경우도 있을 텐데요?

“예를 들어 공간을 디자인할 때 내 개인적으로는 골목길 같은 분위기를 좋아합니다. 하지만 역 앞에 있는 건물이라면 사업의 채산성을 고려해 대형 노래방 체인점을 들이는 방안이 나오기도 하지요. 그런데도 자기 생각만 밀어붙여 역 앞에 골목길 같은 공간을 구성하는 게 좋다며 논쟁하는 것은 좋아하지 않아요. 그보다 역 앞은 포기하고 구시가지를 어떻게 디자인할까 궁리함으로써 전체적인 차원에서 풍요로운 공간을 구상하는 게 건설적이지요. 정치의 역학도 시장의 역학도 현실은 현실입니다. 한편으로 문화론이나 감정론 또한 있기 마련이고요. 그런데도 편파적인 논쟁을 벌이게 만드는 풍조가 있다는 게 이상해요. 아트도, 크리에이티브도, 경제 논리도 겸비하면서 오래도록 전체적으로 최적인 상태가 되도록 사회 시스템을 정돈하고 논쟁의 포맷도 진화시키고 싶어요."

확실히 세상은 단기적으로 혹은 부분적으로만 최적인 상태가 많은 것 같다. 특히 공공 분야에서는 그저 민원이 발생하지 않는 것을 우선시한다거나 깊이 검토하지 않고 다수결로 정해버린다거나 평화적으로 해결하려고 두 가지 아이디어를 단순히 더하는 바람에 원래 있던 장점이 사라져버리는 경우도 있다. 모두 함께 해나가면 더하고 나누는 것보다 비스듬히 높은 가치를 창조해나가고 전체가 최적인 상태를 목표로 할 수 있지 않을까?

어떻게 해야 여러 가지 가치관이 있다는 것을 실감하고 이해할 수

있을까요? 거기에서부터 출발해야 할 것 같은데요.

"자신의 스타일과는 정반대인 커뮤니티에 3년 정도 있어볼 것을 추천해요. 보통은 자기가 이미 경험한 장소 중에서 선택하려고 하니까요."

선택하기 이전에 거기밖에 모르는 사람도 많지 않은가요?

"모르는 게 아니고 겁이 나는 거지요. 그러니까 타자를 동경하는 자세, 다름을 존중하는 마음가짐이 필요하다고 생각해요."

상대를 존중한다. 상대에게 호기심을 갖는다. 그렇게 하면 여러 가지 가치관이 '자기 것'이 된다.

다른 사람을 이해하면 즐길 수 있는 폭이 넓어지고, 전체를 알면 그 즐거움이 오래도록 최적인 상태가 된다. 결국 지속 가능한 쾌락을 유지할 수 있다.

살아가듯 일한다

왜 잘 안 되는 걸까? 시작하기 전에는 70점쯤에 될 것 같더니 겨우 30점도 안 되는 상황이다.

리틀도쿄 카운터석에 앉으며 그 이유를 생각한다. 리틀도쿄는 현재 일본일백화점의 거점이다. 1층은 음식을 먹을 수 있는 공간이고, 위층은 사무실과 자유 공간이다. 1층에는 카운터석이 있고 그 주위를 소파 좌석이 에워싸고 있다. 소파석에는 여자 세 명이 모여서 이야기를 나누고 있고 컴퓨터를 보고 있는 젊은 남자도 있다. 카운터석 옆에는 단골손님이 왁자지껄 술을 마시고 있고, 반대편에는 '일 바'에 참여한 손님들도 앉아 있다. 시시한 이야기도 하고 밤늦게까지 진지한 대화가 오가기도 한다. 리틀도쿄는 늘 손님과 '함께하는' 가게가 되어왔다고 생각한다.

그렇지만 왜 잘 안 되는 것일까? 지금 잘 안 되는 것은 누구나 자신의 영화관을 만들 수 있는 서비스인 '팝콘'이다. 꿈과 열정으로 시작했지만 1년이 지난 현재, 잘 되고 있다고 말하기 어렵다.

팝콘을 통해서 영화를 감상하는 사람은 한 달에 수백 명 정도. 팝콘에 들어오는 수수료 수입은 입장객 1명당 300엔이므로 500명이라고 해도 15만 엔 정도이다. 고정비는 아무리 적게 잡아도 35만 엔 정도 드니 초기 투자금을 회수하기는커녕 적자라서 공동대표인 오하시도 무보수로 일하고 있다. 영화의 권리자들에게도 아직 많은 상영료를 지불하고 있다고는 말할 수 없다. 현재 상영관 수는 200관이 넘었는데, 1,000관까지 늘어나면 어떻게든지 운영할 수 있을 것이고 새로운 투자도 할 수 있지 않을까?

물론 모든 게 비관적이지는 않다. 상영을 검토 중인 사람들로부터 매일같이 연락을 받고 있고, 오하시가 맡은 상영 작품도 100타이틀을 넘겼다. 어떻게 해서든지 지속 가능한 사업으로 유지해나가고 싶지만, 아직 뾰족한 방안이 떠오르지 않는다. 다만 어떻게 하면 잘 될까 하는 생각이 한시도 내 머릿속에서 떠나지 않고 있다.

무슨 일이든 일단 해보지 않으면 모른다. 해보았기 때문에 알 수 있고, 거기서부터 튜닝해나가면 더욱 좋아진다. 튜닝을 계속하면 센스도 연마된다. 일을 만드는 것은 교실에 앉아 강의를 들으며 공부한다고 되는 것이 아닌 듯하다. 운동과 마찬가지로 신체를 움직여보면 알 수 있는 '감각' 같은 것에 가깝다. 우선 해보고 튜닝한 경험이 있으면 다음에 시작할 때는 50점, 그다음에는 70점 정도부터 시작할 수 있게 된다.

먼저 시도해본다. 그리고 라디오 주파수를 미세하게 조정하듯이 좋은 음이 나는 곳을 찾아간다. 그런 일은 즐겁다. 튜닝의 힌트는 여러 곳에 흩어져 있기 때문이다. 쉬고 있을 때 떠오르기도 하고, 다른 일을 하다가 발견하기도 한다. 새로운 아이디어가 떠오르면 바로 시험해보고 싶어진다. 일하고 있을 때나 그렇지 않을 때나 자기 시간이라는 감각. 누군가로부터 강요당하는 게 아니기에 노동하고 있다는 느낌도 들지 않는다.

문득 이와 비슷한 것을 느꼈던 일이 떠올랐다.

몇 년 전 8월 중순, 신칸센을 타고 교토로 향했다. 창밖을 보니 이미 오다와라역을 지나 이즈반도에 접어들고 있었다. 아타미역을 지나고 하쓰시마도 보이면 신칸센은 긴 터널로 들어간다. 거기서부터 2시간 정도를 달려 교토역에 도착했다. 지하철을 타고 기타오지역으로 향했다. 땅 위로 나가니 한여름 더위가 한창이라 그늘이 아닌 곳에서는 장시간 서 있을 수 없을 정도였다.

하지만 모처럼 교토에 왔고 시간적인 여유도 있었기에 거리를 즐기기 위해 천천히 걸어가기로 했다. 택시정류장 그늘에 아저씨들이 걸터앉아 쉬고 있었다. 오래된 저잣거리에 사원, 동서남북으로 뻗은 도로. 새삼 여러 곳을 다닐 수 있는 일은 좋다고 생각했다. 취재를 통해 여러 가지 삶의 방식과 일하는 방식으로 살아가는 이들의 이야기를 듣는 것도 멋지다. 매회, 책을 한 권 읽는 듯한 체험이 된다.

대덕사 앞을 돌아가면 '요코타주식회사'의 무라사키노 공장이 있다. 요코타주식회사는 '다루마 실(絲)'로 유명한 회사다. 어느 집 바느질 상자에나 있을 만한 물건이고, 가정 수업에서도 익숙할지 모르겠다. 요코타주식회사의 창업자인 요코타 나가사에몬이 실 제조와 행상을 시작한 게 1901년의 일이다. '가격은 한때이고 품질은 영원하다'라는 신념으로 최고급품에만 오뚝이(상표 이름인 '다루마'가 오뚝이라는 뜻이다_역자) 마크를 붙였다. 이 공장에서는 실 염색 작업을 하고 있는데, 이번 취재는 이 공장에서 일할 직원모집 때문이었다.

공장 안에서 기계 돌아가는 소리가 들려왔다. 입구에서 말을 거니 안쪽에서 야마자키 요이치 공장장과 대표인 요코타 모토키 씨가 나왔다. 먼저 간단히 공장 안을 안내해주었다. 큰 기구가 가지런히 늘어서 있다. 마치 급식실에 있는 것 같은 큰 냄비. 계속 김을 내뿜으며 실 다발에 온수를 계속 뿌리고 있는 기계도 있었다. 가까이 가니 금세 안경에 김이 서렸다. 밖도 덥지만, 공장 안은 훨씬 더 더웠다. 그런 가혹한 작업 환경인데도 야마자키 씨의 표정이 온화한 것이 인상적이었다.

이 공장의 역할은 본사에서 주문할 때마다 실을 염색하는 것이다. 면은 천연 소재라서 단순히 염색만 하면 끝나는 것이 아니다. 먼저 불순물이나 유분 등을 제거하고 얼룩이 없는 상태로 만드는 것부터 시작한다. 그러고 나서 비로소 염색 작업에 들어간다. 하지만 이 과정이 꽤 어렵다. 간단하게 색을 맞출 수 있는 게 아니라서 수많은 염료들을 골라

야마자키 요이치(山崎陽一)

… 일의 힘든 부분이 즐겁다!

1963년 교토 출생. 교토조형예술대학에서 일본화를 공부하고 니시진의 오비 디자이너가 되었다. 이후 기계 염색 일을 시작했다. 2010년에 ㈜요코타로 전직, 2013년에 공장장에 취임했다. 자사 제품의 실 염색을 맡고 있다.

색을 조합해나간다. 색이 잘 조합되었으면 기계에 걸어 염색한 뒤 많은 물로 씻어내고 마지막에는 건조시킨다.

자세한 이야기를 듣기 위해 야마자키 씨와 함께 2층에 있는 사무실로 향했다. 1층 공장과는 달리 에어컨이 작동하고 있어 천국 같았다. 안심한 표정의 야마자키 씨가 웃는 얼굴로 말했다.

"더운 현장에서 시원한 곳으로 들어가니 기분이 아주 상쾌합니다. 몸이 움직일 시간이 되었기 때문에 기분도 좋아집니다."

야마자키 씨가 염색한 뒤의 실을 보여주었는데 정말 선명하고 아름다웠다. 내가 감탄하니 좀 생소한 답변이 되돌아왔다.

"나는 색을 만지는 것을 좋아하거든요."

색을 만진다?

"굉장히 이상한 말이지만 색을 섞어 색을 결정해가는 거예요. 목표한 색상이 있기에 그것에 맞춰가지만, 본인의 감성을 사용해 조정해나가는 겁니다. 뒤돌아보면 초등학교 때부터 그림물감 만지작거리는 걸 좋아했어요. 예를 들어 노란색과 파란색을 섞으면 녹색이 되었다든가. 그런 게 즐거웠어요."

야마자키 씨는 교토에서 나고 자랐다. 손으로 그리는 유젠(友禪_비단에 화려한 채색으로 인물·꽃·새·산수 등 무늬를 선명하게 염색하는 일_역자) 작업을 하는 집안에서 태어났다.

"부모님이 늘 집에서 작업했어요. 그래서인지 양복을 입고 일하는 이미지는 없었지요. 나도 장인이 되겠지, 하고 막연히 느끼고 있었습니다."

야마자키 씨는 어릴 때부터 그림 그리기를 좋아해 미술학교에 들어가 일본화를 배웠다고 한다. 졸업한 후에는 오비(帶_ 여성용 기모노를 입을 때 허리 부분을 여며주는 띠_역자)를 디자인하는 일을 했다.

"니시진(교토 가미쿄구에서 기타구에 걸친 지역 명칭으로 고급 견직물인 니시진 직물의 발상지_역자)의 불경기로 어려울 때가 디자인으로 먹고 살기도 어려웠습니다. 그래서 서른 살 때 염색 쪽으로 바꿨어요."

그런데 일하던 작은 공장이 연쇄 도산하고 말았다고 한다. 당시 서른여덟 살이던 야마자키 씨는 마침 모집 공고를 보고 요코타주식회사에 입사하게 된다. 그리고 15년가량 일해 현재에 이르렀다.

이 일의 어려운 점은 어떤 것인가요?

"색 맞추기지요. 도출하려는 색상에 어떻게 접근해갈까 하는 것. 데이터는 있거든요. 하지만 염료 생산 로드가 달라지면 차이가 나버려요. 게다가 면 자체도 토양이나 환경에 따라 변합니다. 자연의 것이니까. 데이터에 맞춰 염색하는 것이라 물론 한 번에 맞춰지기도 하지만, 조정도 필요합니다. 다만, 염색하는 것은 아주 즐거워요."

일할 때 힘든 부분이 '즐겁다'라는 것이다. 색을 맞추는 것은 힘들지만 즐거운 일이기도 하다고 한다. 이런 일은 일본일백화점의 다른 인터뷰에서 자주 듣는 말이다. 일의 힘든 부분과 보람은 종이 한 장 차이인지도 모른다.

야마자키 공장장에게 일이 즐거운 순간은 언제인지 물었다.

"망가진 색을 고치려고 할 때 한 번에 맞춰질 때지요. 그때 굉장히 즐거워요. 자기 감성이 맞아떨어졌다고 느끼는 것입니다. 그리고 한 번에 상상한 대로 색이 나왔을 때라든가……."

색이라는 것을 독특한 시선으로 보고 있나요?

"글쎄요, 예를 들어 색을 보았을 때 '이것은 이 염료와 저 염료로 만들 수 있겠다'라고 생각하지요. 일이 아니어도, 그저 색을 보고 있을 때도 자동적으로 그렇게 생각하게 돼요. 예를 들면 식품이라든지.

식품?

"예를 들어 단무지를 보면, 이 색을 넣으면 만들 수 있겠구나 하고 제멋대로 상상하는 식이지요."

야마자키 씨가 단무지를 보고 있을 때는 일하는 시간이

아닐 것이다. 점심시간에 도시락을 열어보니 단무지가 들어 있다. 보통 사람들은 아무 생각 없이 단무지를 입으로 가져가겠지만 야마자키 씨는 그 색을 어떻게 하면 재현할 수 있을까 자신도 모르게 궁리한다. 그때 야마자키 씨는 일하고 있는 것은 아니지만 일하고 있는 듯 생각하게 된다.

어떤 셰프가 한 말이 떠올랐다. 휴일에 가족의 식사를 만들려고 슈퍼를 방문했을 때의 일이다. 필요한 식재료를 사고 있을 때 문득 생소한 조미료가 눈에 들어왔다고 한다. 자기도 모르게 집어 들어 어떤 재료로 만들어졌을지, 어떤 맛이 날지, 레스토랑에서 사용할 수 있을지 고민했단다.

그 셰프도 야마자키 씨도 비슷하다. 쉬고 있을 때라도 무심코 머릿속이 전환된다. 쉴 때도 일을 하고 있느냐고 물으면, 분명 본인들은 그렇지 않다고 대답할 것이다. 일하고 있을 때나 쉬고 있을 때나 두 사람은 그저 다 자기 시간을 보내고 있는 게 아닐까?

'온오프'라는 말이 있다. '워라밸(워크 라이프 밸런스)'이라는 말도 있다. 이 말들은 일과 그렇지 않은 시간을 구별한다는 관점을 담고 있다. 일은 일이라는 식으로.

어떻게 하면 색을 재현할 수 있을까 무심코 궁리하게 되는 야마자키 씨는 24시간 일하고 있는 건가 하면 그렇지 않다. 제대로 쉴 때는 쉬고 있다. 비유하자면 컴퓨터의 슬리프 상태에 가까운지도 모른다. 컴퓨터의 거의 대부분의 기능은 정지해 있다. 하지만 버튼 하나면 바로 작동한다. 정월에 떡국을 먹고 있을 때도 분명 그렇지 않을까? 하얀 국물 속에 선명하게 떠오르는 지단을 보며 어떻게 하면 이 색을 재현할 수 있을까 생각할지 모른다.

나는 일하고 있을 때도 쉬고 있을 때도 내 시간을 보내고 있다. 어차피 일한다면 이런 일을 하고 싶다. 물론 계속 그렇게 생각할지 어떨지는 모른다. 1년 지나서 변할 수도 있고 아니면 평생 같을 수도 있다. '팝콘'도 어떻게 될지 모르고, 일본일백화점도 어떻게 되어갈지 모른다. 지금, 나 자신이 어떻게 하고 싶은지 계속 물어갈 뿐이다.

관심이 가는 것이 있으면 일단 해본다. 해보고 나서 또 생각한다. 좋으면 계속하고 다른 새로운 것에 도전할 수도 있다. 살아 있다는 것은 그런 것이다. 살아 있는 동안은 모두 내 시간이므로.

리틀도쿄의 카운터석은 변함없이 북적거린다. 잔이 비었기에 이와미 맥주의 크래프트 맥주를 주문한다. 그런데 '팝콘'은 어떻게 하면 잘될까? 미래만 계속 생각해본들 소용없다. 이런 상념에 잠겨 있는데 또 단골손님이 찾아왔다. 이제부터는 마시고, 자고 싶어지면 자도록 해야겠다. 다음 이야기는 내일 하자.

내 페이스대로, 나답게 일하는 방식을 찾아서

살아가듯 일하다

초판 1쇄 인쇄 2020년 7월 15일
초판 1쇄 발행 2020년 7월 22일

지은이 나카무라 겐타
옮긴이 홍주영

발행인 양문형
펴낸곳 타커스
등록번호 제313-2008-63호
주소 서울시 종로구 대학로 14길 21 (혜화동) 민재빌딩 4층
전화 02-3142-2887 팩스 02-3142-4006
이메일 yhtak@clema.co.kr

ISBN 978-89-98658-67-0 (03320)

• 값은 뒤표지에 표기되어 있습니다.
• 제본이나 인쇄가 잘못된 책은 바꿔드립니다.

이 도서의 국립중앙도서관 출판예정도서목록(CIP)은 서지정보유통지원시스템 홈페이지(http://seoji.nl.go.kr)와 국가자료공동목록시스템(http://www.nl.go.kr/kolisnet)에서 이용하실 수 있습니다.(CIP제어번호: CIP2020021854)